MW01708203

Les Voies du cœur

DU MÊME AUTEUR

Au Éditions du Cerf

La parole qui guérit, 1991 (3e éd. 1992).

L'essentiel est invisible. Une lecture psychanalytique du « Petit Prince » (3e éd. 1993).

La Peur et la Faute (*Psychanalyse et théologie morale,* I), 1992.

L'amour et la Réconciliation (*Psychanalyse et théologie morale,* II), 1992.

Le Mensonge et le Suicide (*Psychanalyse et théologie morale,* III), 1992.

De l'immortalité des animaux, 1992, avec une postface de Michel Damien.

« Neigeblanche et Roserouge ». Interprétation psychanalytique d'un conte de Grimm, 1993.

« La Boule de cristal ». Interprétation psychanalytique d'un conte de Grimm, 1993.

L'Évangile de Marc, Images de la rédemption. I. Introduction, 1993.

« La Jeune Fille sans mains ». Interprétation psychanalytique, 1993.

Dieu guérisseur. La légende de Tobit ou le périlleux chemin de la rédemption. Interprétation psychanalytique d'un livre de la Bible, 1993.

Chez d'autres éditeurs

De la naissance des dieux à la naissance du Christ, Éd. du Seuil, 1992.

Fonctionnaires de Dieu, Albin Michel, 1993.

DALAÏ LAMA
EUGEN DREWERMANN

Les Voies du cœur

Non-violence et dialogue entre les religions

Introduction de
DAVID J. KRIEGER

Traduction de l'allemand par
PAULINE TEO

LES ÉDITIONS DU CERF
PARIS

1993

Titre original : Der Weg des Herzens
Gewaltlosigkeit und Dialog zwischen den Religionen

© *Walter-Verlag,* 1992
(Solothurn et Düsseldorf)

© *Les Éditions du Cerf,* 1993, pour la traduction française
(29, boulevard Latour-Maubourg — 75340 Paris Cedex 07)

ISBN 2-204-04911-5

AVANT-PROPOS

*Ce volume réunit deux conférences de Sa Sainteté le XIVe Dalaï Lama et un texte d'Eugen Drewermann. La première conférence du Dalaï Lama sur le dialogue interreligieux et le discours d'Eugen Drewermann ont été prononcés le 18 août 1991 à Zurich à l'occasion d'une manifestation sur le thème « La contribution des religions à une culture de la paix ». Dans ce livre l'allocution d'Eugen Drewermann à Zurich, lors du service interreligieux, est suivie d'extraits de son Commentaire de l'évangile de Matthieu : « surmonter le mal par le bien » *. La manifestation a eu lieu lors de la Fête internationale du septième centenaire de la Confédération suisse. Cette rencontre a été organisée par la « Fête internationale » (Thomas Imboden), l'Institut pour la recherche en communication (Maggen, Suisse) et la communauté d'étudiants protestants des Écoles supérieures de Zurich (David Krieger), ainsi que l'Académie Paulus (Matthias Mettner), où s'est déroulée cette manifestation. Thomas Imboden a pris l'initiative de cet événement.*

* Publié en 1992 chez Walter-Verlag et en cours de traduction aux Éd. du Cerf.

Les organisateurs, Thomas Imboden, Matthias Mettner et moi-même, remercions, pour leur coopération et leur soutien, les personnalités et les institutions suivantes : Hans-Jürg Braun, Barbara Hendricks, Iégor Reznikoff, Wolfgang Somary et l'Intercultural Cooperation Stiftung (Zurich), l'hôtel Saint-Gothard (Zurich), la paroisse catholique Maria-Krönung (Zurich-Witikon), la ville de Zurich. Je voudrais aussi remercier ici Pascale Müller pour son aide à la préparation du texte allemand du Dalaï Lama et le Dr Metzinger des Éditions Walter qui a permis la réalisation de ce livre.

Je dois également une reconnaissance particulière aux collaborateurs du bureau du Tibet à Zurich qui ont apporté un concours décisif à la réussite de cet événement. C'est aussi grâce à ce bureau qu'a pu être intégrée à ce livre la deuxième conférence du Dalaï Lama sur la non-violence, qu'il a prononcée à Vienne peu de jours après la manifestation de Zurich.*

Conformément au vœu du Dalaï Lama et d'Eugen Drewermann, les bénéfices de la vente de ce livre seront employés pour favoriser le dialogue interreligieux.

Lucerne, janvier 1992.

DAVID J. KRIEGER.

* Les sous-titres des deux conférences du Dalaï Lama sont de l'éditeur.

INTRODUCTION

Non-violence et dialogue interreligieux forment ensemble le thème de ce livre. Il y a un lien interne entre la non-violence, une paix authentique et une compréhension mutuelle des religions. Déjà le mahatma Gandhi faisait du dialogue interreligieux une partie essentielle de son combat non violent pour l'indépendance de l'Inde. Bien qu'il fût hindou, il lisait à ses partisans des passages du Coran et de la Bible chrétienne. C'est seulement par la non-violence, enseignait-il, que l'on peut surmonter les profondes différences entre les religions et susciter un dialogue entre elles. Sa Sainteté aussi, le XIVe Dalaï Lama, souligne dans les deux conférences réunies dans ce livre le lien entre la compréhension interreligieuse et la non-violence. La contribution d'Eugen Drewermann, du côté chrétien, témoigne du même sentiment.

Violence et compréhension mutuelle sont proprement inconciliables. Tout emploi de la violence, qu'elle soit de nature politique, économique, idéologique ou religieuse, bloque et mine la franchise et l'absence de préventions qui sont nécessaires pour comprendre ceux qui croient et pensent autrement. Chaque fois que nous fermons nos cœurs à d'autres, nous enfreignons la plus haute exigence de notre propre foi : respecter et accueillir d'autres êtres humains dans l'amour et la sympathie.

L'histoire montre que les guerres les plus sanglantes, les malentendus les plus tenaces et les troubles les plus profonds entre les hommes proviennent finalement de différences idéologiques et religieuses. Cela se comprend très bien lorsque l'on voit à quel point nous ressentons le besoin de sens et de protection dans un monde familier. Aucun être humain ne peut vivre dans un monde absurde et chaotique. Aussi loin que nous regardions en arrière dans l'histoire de l'humanité, nous constatons que les hommes ont toujours pratiqué une religion ou une autre.

La religion donne un sens à la vie. Dans la multitude infinie de ses formes, la religion a toujours rempli la fonction qui consiste à donner au monde et à l'existence humaine un ordre et un sens. Dans ses mythes et ses théologies, elle décrit un monde dans lequel l'être humain peut se sentir chez lui. En se fondant sur les récits de la création on peut comprendre comment le monde est né, pourquoi la terre, les plantes et les animaux sont constitués ainsi, quelle est la place singulière de l'homme dans le cosmos et où sa vie le conduit. La mythologie explique l'origine du monde et légitime l'organisation de la société. Les rituels et les prières assurent aux hommes qu'ils ne sont pas seuls et sans protection livrés à la mort, au désespoir et à la souffrance, mais qu'ils sont en communauté les uns avec les autres et en lien avec la source de l'être et la vie éternelle. Même là où il n'est pas question de Dieu, au singulier ou au pluriel, par exemple dans le bouddhisme Hinayana ou dans l'humanisme occidental et l'athéisme, toute vision du monde et tout système idéologique répond d'une façon ou d'une autre aux questions les plus profondes de la vie : qui suis-je ? d'où viens-je ? où vais-je ? que dois-je faire ?

Nous ne devrions pas être surpris que des hommes se sentent menacés au moment où leurs convictions les plus profondes sont mises en question par rapport à d'autres visions du monde qui leur sont étrangères et incompréhensibles. Aucun homme ne peut rester indemne si tout ce qu'il tient pour bon et vrai est nié par une autre vision du monde. C'est pourquoi la première réaction face à ce qui est étranger est presque toujours la peur et la défense. L'histoire de l'humanité nous montre comment des individus, des groupes, des peuples entiers et des États se sont toujours efforcés de défendre leurs frontières idéologiques, de s'affirmer et de s'imposer par tous les moyens possibles contre ceux qui pensent autrement.

La façon dont la mission chrétienne s'est malencontreusement empêtrée dans le colonialisme occidental des derniers siècles et les conflits idéologiques présents sont un exemple suffisant du comportement typique, mais catastrophique, des peuples entre eux. Ce serait une opinion à courte vue de prétendre qu'il s'agit là simplement de conflits d'intérêts économiques, politiques ou militaires. Bien au contraire : des différences économiques et politiques peuvent se résoudre beaucoup plus facilement lorsque des différences idéologiques et culturelles très profondes n'empêchent pas la coopération et une compréhension réciproque.

Nous avons souvent l'occasion d'expérimenter combien il est difficile de résoudre des problèmes même tout simples, si toutes les parties en conflit ne sont pas liées entre elles par des principes et des valeurs unanimement reconnus. Pour régler par le travail en commun des questions pratiques, nous devons pouvoir parler les uns avec les autres. Le langage est le moyen par lequel nous coordonnons nos actions. La communication concernant nos besoins, nos plans et nos possibilités, l'échange d'informations, d'idées et d'arguments et l'accord sur des stratégies communes font partie des conditions fondamentales de l'existence humaine. Mais tout cela serait à peine possible si nous ne pouvions pas nous communiquer l'un à l'autre nos représentations d'une vie meilleure, plus digne, plus libre.

Par nature, l'homme est un être social qui ne peut organiser sa vie que par la compréhension réciproque et la vie commune en se fondant sur une espérance et un but communs. Parmi tous les êtres l'homme est celui qui dépend de la communication et de la vie en commun pour s'accomplir. Sans vision déterminée du monde et du sens de la vie, il n'y aurait pas de langue capable de donner les moyens de réaliser une communauté humaine. Car les mots et les signes du langage restent muets et incompréhensibles si manquent les critères de ce qui est réel, plein de sens et de valeur. Comment pourrions-nous nous ouvrir les uns aux autres et nous communiquer nos idées et nos sentiments si nous ne partagions pas au préalable une certaine compréhension du monde ? Si cette base fait défaut, comme c'est le cas dans tous les conflits interculturels et interreligieux, il sera presque impossible de parler des problèmes même les plus simples. Et si le langage ne remplit plus son rôle, nous avons bien trop vite recours aux armes.

Le Dalaï Lama parle d'amour et de sympathie, parce que ces sentiments font partie de la nature humaine en tant que telle. Ils fondent la capacité à résoudre les conflits de façon non violente. C'est par l'amour et la sympathie que nous expérimentons une solidarité avec d'autres hommes qui va au-delà des frontières idéologiques, religieuses et culturelles. En se fondant sur l'amour et la sympathie, qui ne dépendent pas de conditions culturelles, il nous est possible de faire face franchement et intelligemment à la menace qui peut venir d'une culture ou d'une manière de vivre étrangères.

Si nous rencontrons d'autres hommes avec amour et sympathie, aussi étranges que puissent nous paraître au premier abord leur vision du monde et leur manière de vivre, il nous sera possible de prendre part à leurs espérances. Nous pouvons nous mettre à leur place et apprendre à voir le monde comme eux. Ce n'est que par une participation authentique, débarrassée des peurs, des préjugés et des excuses faciles, que nous pouvons apprendre à connaître les problèmes et les besoins d'autres hommes et être ainsi en mesure de trouver des solutions satisfaisantes pour tous. Lorsque nous tentons de parler d'autres « langues » nous écartons les malentendus qui surviennent et nous ouvrons les portes à des solutions nouvelles et communes.

Nous sommes aujourd'hui au début d'une ère nouvelle. L'image du « vaisseau Terre » est déjà devenue un lieu commun — c'est en ce vaisseau que se retrouvent tous les hommes, toutes les cultures et tous les peuples ne pouvant assurer que par une coopération réciproque leur existence et l'avenir de l'humanité. Il n'est pas de problème sérieux aujourd'hui, de nature économique, politique et sociale, qui ne soit aussi un problème social. Ce que nous mettons sur la table à midi, la quantité d'énergie dont nous avons besoin, l'endroit où nous investissons notre argent, tout cela exerce une influence directe sur la façon dont les hommes vivent à l'autre bout de la Terre, sur leurs conditions de travail, leurs chances d'autodétermination, de développement et de justice. Au regard de cette situation le dialogue interreligieux n'est plus un luxe ni le hobby de théologiens ou de représentants des Églises.

Cependant, une culture globale ne sera pas possible tant qu'elle ne sera pas prête à reconnaître les différentes convictions religieuses de l'humanité. C'est ce que montre bien le danger croissant du fondamentalisme religieux. Partout croît aujourd'hui un fondamentalisme fanatique, intolérant et agressif envers le manque d'orientation et la perte de valeurs d'une société de consommation matérialiste qui nivelle tout. Nous sommes aujourd'hui à un tournant de l'histoire et il faudra savoir si nous voulons que les grandes traditions religieuses du monde se reconnaissent réciproquement ou se durcissent dans une polémique plus véhémente et plus dangereuse. Aujourd'hui et dans un proche avenir, il n'y a qu'une alternative : fondamentalisme fanatique ou dialogue interreligieux.

Le Dalaï Lama est un messager de la paix mondiale au nom du bouddhisme. Mais la non-violence n'est pas la propriété spirituelle de l'Orient. Le théologien et psychothérapeute Eugen Drewermann parle selon une perspective chrétienne. Il parle le langage du cœur, des sentiments, de la certitude indubitable de l'amour. Jésus-Christ aussi a emprunté un chemin de non-violence et ceux qui prennent au sérieux sa vie et sa parole savent ce que signifie le suivre et porter témoignage pour lui dans un monde de brutalité et d'inhumanité. Bien entendu, il règne en Occident depuis des siècles une autre conception.

À l'intérieur et à l'extérieur des Églises, pendant des siècles, des critiques ont « étiqueté » Jésus comme pacifiste fanatique n'ayant aucune idée de la nature réelle des conflits sociaux et politiques. Jusqu'à aujourd'hui, nous n'avons pas vraiment su quoi faire de la parole de Jésus : « vous avez appris qu'il a été dit : œil pour œil et dent pour dent. Et moi je vous dis de ne pas résister au méchant. Au contraire, si quelqu'un te gifle sur la joue droite, tends-lui aussi l'autre » (Mt 5, 38-40).

La non-violence devient un outil qui peut servir à construire la vie en communauté si les hommes remplacent la puissance des armes par celle de l'Esprit. L'histoire est inévitablement liée à la souffrance. Il y aura toujours des conflits et chaque conflit engendre de la souffrance. C'est la tâche de l'homme — et c'est précisément ce que nous a dit et montré Jésus — de prendre volontairement sur lui cette souffrance afin de rendre créatif et sans entraves le processus de construction de la communauté. Mais la plupart des hommes, dans une situation de conflit, ne connaissant ni leur vraie tâche ni leur capacité, réagissent par la peur. Ils cherchent à se décharger de la souffrance sur les autres. Cette réaction « naturelle » est l'origine et l'essence de la violence. Car celle-ci n'est rien d'autre que la tentative d'échapper à la souffrance dans un conflit en la repoussant sur les autres. La non-violence, en revanche, consiste à prendre volontairement sur soi cette souffrance. Et cette souffrance prise volontairement sur soi, c'est ce que Jésus a rendu possible et ce dont il nous a montré l'exemple.

Les impulsions du cœur exercent immédiatement leur influence sur notre engagement social et politique. Elles ne se cantonnent pas tranquillement et innocemment à un état d'âme privé, purement spirituel. L'imitation du Christ est une responsabilité séculière, historique. Mais la société civile orientale s'est toujours défendue contre cet amalgame de spiritualité et de politique. Sous le concept de « tolérance », nous avons cherché, depuis le XVIIe siècle, à tenir éloignées de la politique toutes les revendications religieuses pour les renvoyer à la sphère privée. La séparation des Églises et de l'État, aussi nécessaire qu'elle fût, et en dépit de tous ses effets positifs, signifie — et nous devons apprendre à le reconnaître — que la revendication absolue de vérité du cœur ne doit plus rien avoir à faire avec la politique et la réalité historique. La vie en commun des hommes dans la société est le domaine de la vérité relative. Tout citoyen doit prendre part à la formation de l'opinion publique, mais seulement s'il est prêt en même temps à conclure des compromis et à reconnaître les décisions de la majorité.

Toutefois, la vérité absolue du cœur ne se laisse pas compromettre et nous ne pouvons pas non plus en décider par un vote. Le droit ne coïncide pas toujours avec les intérêts des majorités ou des plus puissants et, si l'on s'engage pour les droits du cœur, cela signifie un grand danger pour l'État. Un homme animé par des motifs religieux est souvent prêt à prendre sur lui la souffrance, à offrir ce qu'il possède, jusqu'à sa vie, pour témoigner de la primauté absolue de l'amour. Mais celui qui est prêt à mourir pour sa conscience échappe aux mécanismes de régulation qui tiennent la bride haute aux citoyens craignant des sanctions.

En Occident, nous avons cherché à résoudre ce problème par une double morale. Dans la vie publique valent d'autres normes que celles du domaine privé. Nos exégètes officiels, à l'exception de Drewermann, le disent toujours : pour eux, les commandements du Sermon sur la montagne ne sont pas des indications politiques et sociales. Ils ont « seulement » une signification spirituelle, ils renvoient au royaume de Dieu qui vient. Sur terre, selon la doctrine officielle, ce sont les règles de l'efficacité et de la *Realpolitik* qui prévalent. Mais le Dieu des juifs et des chrétiens est un Dieu de l'histoire ! Et la plus grande contribution de l'Occident au dialogue interreligieux, c'est la conviction que ce monde historique peut être sauvé. On ne peut défendre la position de retrait ou de mépris de l'homme « religieux » par rapport au monde, à une époque où les mécanismes de la violence et de l'insensibilité sont devenus si forts que les êtres humains n'osent même plus laisser paraître entre eux leurs sentiments ni soumettre leur vie à la compassion et à la bienveillance. C'est justement la prétention de la vérité religieuse à donner un sens à la vie qui nous oblige à nous engager pour le bien-être de tous les hommes sur terre.

Comprendre ainsi le message chrétien, ne veut pas dire imposer un programme déterminé, mais poser la question fondamentale de la capacité à aimer et à s'engager en faveur du bien commun dans une société vidée de sa substance par les contraintes du système. Il ne s'agit donc pas d'une méthode supposée non violente, qui doit nous mettre en situation d'imposer nos propres intérêts. Il s'agit de représenter la vérité, à laquelle nous sommes tous redevables, chacun à notre manière, de telle sorte que nous puissions, au-delà de nos propres frontières, agir solidairement avec d'autres.

On peut objecter ici qu'une telle politique religieuse peut n'être réalisée que si tous les hommes ont la même vérité. Même si nous considérons de façon tout à fait réaliste la capacité de l'être humain à reconnaître une vérité absolue, la voix du cœur n'est pas une simple opinion mais une obligation inconditionnelle dotée d'une autorité absolue. C'est pourquoi la non-violence est le seul moyen. Car seule la non-violence nous autorise à tenir à la vérité fondamentale de notre conscience et à être ouvert à un approfondissement et à un élargissement de cette vérité.

Si nous cherchons à imposer par la force cette conception de la vérité, nous élevons une possible vérité partielle au rang d'absolu et nous empêchons l'échange de différents points de vue. En empêchant par la force toute correction de notre propre position, nous en restons à notre vérité imparfaite. Gandhi expliquait cela par le récit suivant : « Il semble que ce soit l'impossibilité où nous sommes de saisir l'entière vérité tant que nous sommes dans ce corps mortel qui a conduit un ancien sage à la connaissance de l'*ahimsa* [non-violence]. La question qui se posait à lui était celle-ci : "Dois-je tolérer ceux qui me créent des difficultés ou dois-je les détruire ?" Le sage vit que celui qui détruisait d'autres personnes ne progressait jamais mais restait toujours à l'endroit où il était alors que celui qui usait de considération avec ses contradicteurs, avançait et, de plus, entraînait les autres avec lui. » La seule chose qui peut supprimer sa propre conception de la vérité portée à l'absolu, c'est sa propre souffrance volontaire et l'amour de l'ennemi qui accompagne cette souffrance. En effet, en tout conflit, la résistance — attendue — de l'adversaire conduit à confirmer la condamnation déjà acquise de sa position. La violence sous n'importe quelle forme ne fera que provoquer et légitimer une contre-violence.

Mais si nous allons à la rencontre de l'adversaire sans violence et sans haine, il ne peut rester insensible. Celui qui emploie la violence finira par se demander d'où son « adversaire » tire la force morale pour se comporter avec non-violence. La force spirituelle de la non-violence et de la souffrance volontaire provoque le respect. C'est pourquoi celui qui emploie la violence doit, face à une résistance non violente, remettre en question son idéologie qui justifie cette violence. Si l'agresseur voit que nous prenons sur nous la souffrance sans lui en infliger aucune, la peur et la méfiance peuvent se dissiper dans un vrai dialogue. Dans une controverse non violente les autres ne doivent donc pas souffrir pour nos fautes et ces fautes ne doivent pas entraîner un nouveau conflit. On peut, sans quitter le sujet du débat, arriver à une solution constructive.

Le renouveau religieux, qui s'annonce partout aujourd'hui sous le vocable « fondamentalisme », montre que le refoulement de la religion hors de la vie publique a échoué. Les contributions de ce volume veulent indiquer la direction où s'inscrivent les chemins permettant de résoudre les questions d'un avenir humain. Elles nous montrent clairement quelle est notre tâche pour aujourd'hui : non-violence et dialogue interreligieux.

DAVID J. KRIEGER.

DALAÏ LAMA

Dialogue interreligieux

Chers amis, je me réjouis de l'existence d'un dialogue qui doit contribuer à renforcer l'amitié et l'harmonie entre les religions. Le dialogue interreligieux doit servir à nous mettre à l'écoute d'autres religions, à échanger les uns avec les autres nos expériences et notre savoir. Ainsi, c'est l'humanité tout entière qui en tirera profit. Beaucoup d'êtres humains placent actuellement leur espérance dans ce dialogue. C'est pourquoi je crois qu'il est très important.

Une chance et une joie.

Aujourd'hui nous sommes témoins d'un grand changement dans le monde. Différentes idéologies, différents systèmes coexistent. On en vient de plus en plus à une vraie compréhension, à un respect mutuel, à un échange entre différents modes de penser. En tant qu'hommes religieux nous devons saisir cette occasion pour renforcer notre compréhension mutuelle. Autrement nous encourons le risque de laisser se perdre une chance. On peut régulièrement observer que les hommes ressentent un intérêt authentique et une joie profonde lorsque se produisent de telles rencontres. Cela renforce l'espérance et c'est un encouragement à continuer dans cette direction. C'est un grand honneur pour moi de pouvoir vous parler dans cette atmosphère et mon propre enthousiasme s'en trouve renforcé.

Je voudrais parler maintenant du développement de l'amour et de la sympathie qui, dans toutes les religions, dans les différents systèmes et traditions, sont cultivés et sollicités avec une égale conviction. Ici, je voudrais parler selon mon propre point de vue et ma propre expérience.

Le « bien » et le « mal » au crible des sentiments.

Souvent nous employons les mots « bon » et « mauvais ». Mais nous devrions nous demander avec quels critères nous mesurons le bon et le mauvais. Où est la frontière entre ces deux évaluations ?

Je crois que ces notions sont liées à nos propres sensations et à nos sentiments. Si nous éprouvons quelque chose d'agréable, notre esprit ressent de la joie, et nous disons que c'est bon. Si, au contraire, une chose crée en nous angoisse et malaise, nous la jugeons négative.

L'amour et l'affection, bases du développement de chacun.

Considérons maintenant nos relations aux autres. Si nous rencontrons une personne et que cette rencontre provoque en nous un sentiment de joie, de tranquillité profonde et de confiance, nous vivons cet événement comme extrêmement positif. Cela vaut non seulement pour nous autres êtres humains, mais aussi pour les animaux. Pour tous les êtres, l'amour et l'affection sont très importants et même nécessaires à la vie. Peu importe que nous parlions de notre époque ou de celle qui précède le développement de notre civilisation : les êtres aspirent toujours à une profonde affection, à l'amour et à la sympathie.

Les animaux n'ont pas d'intelligence développée comme nous autres, êtres humains. Pourtant, lorsque nous abordons un animal de façon amicale, nous remarquons aussitôt sa réaction positive. Causons du tort à un animal ou blessons-le d'une manière ou d'une autre, nous remarquons aussitôt qu'il recule, effrayé.

Des spécialistes du développement de l'enfant pensent que pour une saine croissance de l'enfant encore en gestation l'équilibre de la mère est la plus importante des conditions. Plus l'esprit de la future mère est serein, détendu et affectueux, meilleur est le développement de l'enfant. Si la mère connaît un certain déséquilibre l'influence sur l'enfant est négative. Dans les premières semaines après la naissance, les spécialistes disent que le plus important pour le développement et la saine formation du cerveau de l'enfant, c'est la présence d'une personne (généralement la mère) qui témoigne à l'enfant une véritable affection. Il est important aussi que cette affection s'exprime par une proximité corporelle.

Même la formation de notre corps, sa croissance et sa santé dépendent de l'affection et de l'amour que nous recevons de la part d'autres êtres humains. De la naissance à la mort, l'affection d'autres êtres humains dont nous faisons l'expérience est l'un des éléments les plus importants de la vie. C'est seulement ainsi que l'esprit peut être pacifié et équilibré.

Le bien est lié à l'amour.

Amour, sympathie et affection sont les vraies bases, le fondement du bien-être dans notre vie. Lorsque nous cherchons à développer en nous ces qualités, nous confortons une résolution ferme et une force de volonté dans notre propre esprit. Et ces dispositions affectives jouent un rôle dès le début de la vie. Un petit enfant est un être humain encore exempt de toute idéologie et de tout principe religieux. Cependant, cet être nouveau-né ressent le besoin d'une protection aimante.

C'est pourquoi nous pouvons dire : le critère le plus important, pour déterminer ce qui est « bon », est lié à l'amour et à l'affection. Il s'ensuit que toutes les religions doivent nécessairement développer amour, sympathie et affection comme des qualités essentielles. Cela doit être l'élément le plus important de notre religiosité. C'est à partir de l'amour et de l'affection que découle le bonheur, que quelque chose devient bon et qu'un homme devient un homme bon. Les religions sont nées des êtres humains et elles sont pensées comme des aides pour eux. C'est pourquoi elles doivent particulièrement s'intéresser à ce dont l'homme a le plus besoin : l'amour et la sympathie.

La miséricorde, la première des vertus.

Lorsqu'elles décrivent les vertus de leur fondateur, toutes les religions nomment d'abord la miséricorde. Que ce fondateur soit Dieu, Jésus-Christ, Bouddha ou un autre, la vertu authentique la plus appréciée dans celui que nous implorons, c'est la miséricorde. Pourquoi ? Parce que, comme je l'ai dit, les hommes ont par nature un profond besoin d'affection et de sympathie.

La finalité de toute pratique religieuse est d'accéder à un ciel, un paradis ou une terre pure. Quand nous pensons au ciel, au paradis ou à une terre pure, il nous vient aussitôt à l'esprit un lieu où règne une atmosphère complètement exempte de guerre et de violence. Cette atmosphère est pénétrée d'une paix authentique, profonde. Si on nous disait qu'il y a dans le ciel guerre et haine, nous n'aspirerions pas à y aller. C'est pourquoi toutes les religions considèrent la miséricorde et l'amour comme les qualités les plus importantes de toutes.

Différences et affrontements.

Différentes religions se sont développées en ce monde. Ces religions se sont infligé mutuellement beaucoup de souffrances. Notre propre religion a été utilisé comme cause d'opposition aux hommes d'une autre religion. Les religions ont même été la raison d'affrontements belliqueux. Pourquoi ? Parce qu'il y a dans les différentes religions différentes philosophies, différentes théologies. Quelques religions croient en un Dieu créateur, d'autres non. Les philosophies les plus diverses fondent la lutte entre les religions. Du fait de ces différences fondamentales, les religions en arrivent à se disputer, à lutter entre elles. La grande majorité des hommes pensent toutefois que les conflits qui ont directement ou indirectement des causes religieuses sont fondamentalement mauvais et misérables.

Je crois qu'un grand nombre de conflits interreligieux du passé venaient de la manière de vivre dans le pays concerné. Autrefois, en effet, les pays vivaient le plus souvent pour eux-mêmes avec leur propre culture, leurs propres habitudes et leur propre religion. Ailleurs, d'autres cultures et d'autres religions se sont aussi développées. Il n'y avait pratiquement aucun échange entre les diverses religions et cultures. Des pays pouvaient vivre de façon relativement autonome sans beaucoup de relations économiques ou culturelles. C'est pourquoi chacun tenait fermement à son propre système, à sa propre religion. C'est ainsi que naquirent des conflits avec la religion ou la culture d'autres pays.

Le manque d'échanges, cause de conflits.

La cause du conflit réside donc bien dans le fait qu'il y a trop peu de liens, trop peu d'échanges entre différents systèmes et différentes religions. J'évoquerai ici une expérience personnelle : lorsque je vivais au Tibet avant de m'enfuir, il n'y avait que peu de contacts avec les autres pays, peu de liens avec les autres cultures et religions. En conséquence, j'avais le sentiment que ma religion était la meilleure et qu'aucune autre ne possédait cette valeur ni ne montrait des résultats si bénéfiques. Après ma fuite, lorsque j'en vins à rencontrer des hommes d'autres religions, je ressentis cela autrement : je fis la connaissance d'êtres humains qui avaient développé des qualités très positives grâce à leur religion. Ils mettaient en pratique leur propre religion, et avaient un comportement éthique correspondant à leurs propres principes religieux. Chez ces hommes, on expérimentait concrètement ces qualités positives. En laissant de côté les différentes théories exposées dans les écrits, et en regardant seulement le résultat manifesté par la pratique de la religion, nous constatons une appréciation toujours plus profonde des autres religions. J'en vins à cette conclusion qu'il est possible à un adepte de n'importe quelle religion de devenir vraiment bon, s'il applique les principes de cette religion. C'est par cette expérience intime que s'apprennent le respect et l'estime des autres traditions.

De nos jours, les liaisons entre les différentes parties du monde sont de plus en plus étroites. Non seulement entre des pays voisins, mais entre des continents entiers naissent des liens et des dépendances. La politique elle-même doit tenir compte de plus en plus de ces dépendances. Une disposition d'esprit plus généreuse, une attitude plus ouverte face à d'autres pays et d'autres idéologies commencent à se faire jour dans ce domaine. Auparavant les États mettaient beaucoup en avant leur souveraineté et leur singularité. Aujourd'hui, en revanche, nous sentons de plus en plus la nécessité de former une plus grande communauté pour résoudre ensemble les problèmes. Nous le voyons très clairement, par exemple, en Europe occidentale.

Pour les religions aussi le moment est venu de développer ces liens réciproques et d'apprendre à se connaître. Mais comment faire avec toutes ces différences ?

Les différences sont utiles.

Il faut se demander comment sont venues ces différences si nombreuses, ces inclinations, ces préférences et ces dispositions diverses. Une seule religion ne peut vraiment suffire à satisfaire les dispositions et les inclinations d'êtres humains si divers. C'est pourquoi un nombre important de religions, qui se distinguent par des philosophies et des conceptions différentes, est un grand avantage. Une seule religion peut présenter des chemins et des conceptions différents. C'est le cas du bouddhisme : bien que cette religion vienne d'un maître unique, le Bouddha, certains énoncés se contredisent à première vue. Par exemple : Bouddha a enseigné qu'il y a un Soi et, à un autre endroit, il dit qu'il n'y a pas de Soi. Nous trouvons ainsi une multitude d'autres énoncés qui se contredisent à première vue. C'est seulement ainsi que le Bouddha pouvait approfondir les différentes dispositions et inclinations des hommes. C'est exactement la même chose pour les autres religions : leurs différences sont extrêmement utiles.

Certaines religions croient en un Dieu créateur et développent la foi selon laquelle le bonheur et la souffrance, que nous connaissons, viennent de Dieu. D'autres ne croient pas en un Dieu créateur (comme le bouddhisme ou le jaïnisme) et pensent que l'homme lui-même est responsable de son bonheur et de son malheur futurs. Cette forme de foi apporte à certains hommes une aide plus importante et produit de meilleurs effets que la foi en un Dieu créateur. Pourtant toutes deux visent un seul but : rendre l'homme meilleur, développant en lui des qualités comme l'amour et la sympathie. Tel est le but des différentes sortes de foi. Si l'une est plus signifiante et plus efficace que l'autre, chacun devrait avoir la possibilité de vivre la foi qui est la meilleure pour lui. Il est donc clair qu'il est avantageux et même nécessaire d'avoir diverses religions. Il est d'ailleurs impossible d'aider tous les malades avec la même médication. Des malades différents avec des maladies différentes ont besoin aussi de médications différentes.

Développer l'amour et la miséricorde.

Dans chaque religion se sont développées des voies particulières et singulières qui aident l'être humain à s'améliorer. Il ne faut pas perdre de vue cette notion quand nous apprenons à nous connaître réciproquement. L'essentiel dans toutes les religions, c'est que l'homme devienne meilleur en les pratiquant, c'est-à-dire qu'il développe en lui les qualités d'amour et de miséricorde. Certes, il y a des différences, par exemple : les représentations différentes du paradis et de la libération. C'est cependant peu de chose au regard du but propre et essentiel poursuivi par toutes les religions : le développement de l'amour et de la sympathie.

On peut dire ainsi que les particularités, que l'on trouve dans chaque religion, sont l'affaire de l'individu, de l'être singulier. Le développement de la miséricorde, de la sympathie et de l'amour dans son propre cœur est le seul but qui nous concerne tous de la même façon.

Si nous avons découvert cette vision de l'amour authentique en mettant en pratique notre religion, nous pouvons tranquillement, en tant que personne singulière, poursuivre le but commun selon notre voie personnelle. Peu importe le nom donné à ce but : libération, paradis ou ciel. En revanche, il serait absurde de vouloir délaisser cette base commune de l'amour et de vouloir atteindre le paradis, le ciel ou la libération avec un esprit de haine et de colère.

Si nous voulons être un vrai disciple, un vrai fidèle dans notre propre religion, nous devons prendre comme exemple la vie du fondateur de notre religion. En considérant les différents fondateurs de religion (Bouddha, Mahavira, Jésus-Christ...), nous constatons que la vie de chacun d'eux est caractérisée par une profonde miséricorde pour les autres hommes. Aucun de ces fondateurs ne s'est préoccupé de son propre bonheur, mais s'est seulement soucié de parvenir au bien-être des autres. Si, en tant que disciples de ces fondateurs de religion, nous commençons disputes et guerres entre nous, cela ne correspond absolument ni à leur intention, ni à leur vie et nous faisons preuve alors d'un comportement misérable.

Il y a de très nombreux conflits dans le monde qui naissent de réalités idéologiques, financières ou matérielles. Même dans la famille il y a régulièrement des conflits et des disputes. Pourtant, les religions devraient servir à adoucir et à calmer les différents partis. Les religions parlent beaucoup de pardon, de patience et de tolérance. Si les hommes utilisent les religions pour se disputer plutôt que pour résoudre les conflits, c'est un témoignage honteux pour eux. C'est pourquoi il est important de chercher, en tant qu'hommes religieux, à établir de bonnes relations entre nous et à employer les religions à résoudre les conflits.

Non-violence et paix mondiale

Je voudrais parler de la non-violence, de sa nature et de son essence. En ce qui concerne son essence, je ne crois pas que l'on puisse décrire la non-violence comme une simple absence de violence, car la non-violence est un certain état d'esprit de l'être humain. Je considère la non-violence comme une qualité spirituelle, fortement liée à l'amour et à la miséricorde.

Un certain état d'esprit.

Il existe différentes sortes de comportement. D'un côté, un comportement qui semble amical vu de l'extérieur, mais qui procède de pensées négatives ou méchantes. De l'autre, le comportement d'un être humain peut paraître rigide, voire vindicatif, vu de l'extérieur, alors qu'il procède intérieurement d'une attitude d'amour, de sympathie et d'altruisme. C'est pourquoi, en définitive, la non-violence est un certain état d'esprit, qui renvoie à la motivation de l'être humain et non pas à son comportement extérieur. On peut même dire que la non-violence est une expression de la sympathie chez l'homme.

La non-violence est un facteur particulièrement important à notre époque. Beaucoup d'hommes pensent que la non-violence et les qualités d'amour et de miséricorde qui lui sont liées n'appartiennent qu'à la religion. Ils croient que la non-violence n'est destinée qu'aux êtres humains religieux et croyants. Ce n'est pas mon avis. Je crois que non-violence, amour et sympathie sont absolument décisifs pour l'avenir de l'humanité et que, pour cette raison, ils ne doivent pas relever seulement de la religion.

Une question de survie.

Le monde ne peut être protégé que par une attitude aimable et miséricordieuse et, ainsi, par la non-violence. Il est impossible de préserver le monde si notre attitude intérieure est déterminée par la haine et la violence. Aujourd'hui particulièrement, où nous connaissons un grand développement matériel et technique et alors que l'homme tient en main un grand pouvoir, l'attitude spirituelle d'amour et de non-violence est importante. C'est pourquoi la non-violence, l'amour et la sympathie ne sont pas aujourd'hui de simples enjeux moraux mais une question de survie.

Nous avons souvent le sentiment que la morale, certes, est bonne — elle crée un homme meilleur —, mais qu'on pourrait très bien vivre aussi sans elle. Cependant, la non-violence ne doit pas être seulement une affaire morale car, finalement, il en va de notre propre survie. C'est seulement si nous nous exerçons à une morale de la non-violence que nous pourrons survivre sur cette planète.

Notre conduite personnelle envers notre environnement peut être violente ou exempte de violence. Si nous vivons raisonnablement et modestement en prenant soin des ressources naturelles de la terre, nous sommes en accord avec la nature. Cette façon de vivre est éloignée des extrêmes. Si nous nous comportons de cette façon, nous pourrons vivre heureux longtemps sur cette planète. Une telle attitude est aussi une forme de non-violence. Si nous tombons dans un extrême, sans nous préoccuper de notre environnement et en continuant à piller les ressources de la terre, de nouvelles maladies peuvent survenir avec tous les problèmes que nous connaissons bien. Nous exerçons ainsi une forme de violence.

Naturellement, le doute ne nous épargne pas. En effet, il est beau de parler de sympathie et de non-violence, mais est-il vraiment possible de les pratiquer dans la réalité ?

Elle est praticable, car nécessaire.

À mon avis, nous pouvons répondre ainsi à cette question : la violence a toujours été présente dans l'histoire humaine. On peut même dire que la violence est une composante du comportement humain. Cependant la nature profonde de l'être humain semble bien être fondée malgré tout sur l'amour et l'inclination. La nature de l'homme, son essence authentique, est l'amour et la sympathie. Un être humain, depuis l'enfance jusqu'à la vieillesse et la mort, est tout au long de sa vie dépendant de l'inclination d'autres hommes.

En ce qui concerne l'évolution d'un enfant, si celui-ci est élevé dans une famille où règne une atmosphère d'inclination, d'amour et de sympathie, c'est tout son développement spirituel et intellectuel qui en est fortement influencé. L'enfant sera corporellement plus sain et pourra mieux apprendre à l'école. En revanche, si un enfant grandit dans un environnement fait d'aversion, de dispute et de haine, cela agit négativement sur son développement spirituel et intellectuel, voire sur sa santé corporelle.

Un profond sentiment d'amour et de sympathie.

Nous le savons tous par notre propre expérience : si nous sommes réprimandés à l'école ou dans notre formation par un maître qui nous veut du bien, cela ne nous blesse pas. Les cours donnés par un tel maître s'inscrivent profondément dans notre mémoire. Mais si nous avons le sentiment que le maître est rempli d'aversion envers nous et qu'il ne nous aime pas, ses heures de cours ne resteront pas dans notre mémoire, bien qu'il s'agisse du même cours ! Nous avons donc un besoin naturel d'amour et d'inclination, dont nous dépendons dans tous les domaines.

Un être humain qui a de mauvaises dispositions, qui fait tort à d'autres hommes et se conduit de façon blessante à leur égard, cause aussi beaucoup de mal en politique. Mais si nous allons au-devant de cet homme avec une vraie inclination et un amour sincère, une joie intérieure et un sentiment de bonheur rayonneront sur ce visage insatisfait. À mon avis, c'est un signe sans équivoque du profond besoin d'amour et de sympathie qui est au fond de notre être.

En tant que nouveau-nés, nous sommes encore exempts d'idéologie et de religion. Mais nous ne sommes jamais exempts d'inclination et d'amour.

Dépasser la méfiance et la haine.

La sympathie produit encore autre chose : elle renforce l'esprit et la volonté. Si nous allons à la rencontre d'un autre homme avec sympathie et inclination, si nous l'accueillons avec une attitude ouverte, il perd sa méfiance. Une communication harmonieuse fondée sur la confiance et la franchise se développe alors, fait disparaître les peurs, et produit en nous-même d'avantage d'assurance, de confiance et de résolution.

Comme on l'a déjà dit, le développement technologique a mis à notre disposition des outils puissants et des armes destructrices. Si nous ne nous opposons pas à la haine et à la méchanceté par l'amour, la sympathie et la non-violence, nous ne pourrons pas empêcher l'utilisation de ce potentiel destructif. Nous n'avons donc qu'une solution : emprunter le chemin de la non-violence.

Le monde a changé.

Nous avons appris aujourd'hui combien de souffrance les armes peuvent introduire dans notre monde. Nous savons quelle angoisse doit nous causer l'emploi de ces armes. Cette peur elle-même a fortement développé la recherche d'une voie non violente. Si nous considérons les changements dans le monde, des Philippines au Chili et de l'Europe de l'Est à l'Union soviétique, nous voyons s'effondrer des régimes répressifs, totalitaires. Ces changements se produisent à la suite d'une action exempte de violence. Les hommes gagnent leur liberté en combattant sur la base de l'amour et de la non-violence.

Certes, la situation mondiale est tout autre aujourd'hui. Nous disposons de nouvelles possibilités. La révolution d'Octobre a été réalisée avec violence. Pour la dernière révolution d'Août, ce fut le contraire : elle a été faite par la volonté de liberté et de démocratie. Les hommes se sont engagés sans violence pour leurs idéaux. Les fleurs placées dans les canons des fusils et des tanks en sont le signe. Là où habituellement se trouvent balles et projectiles, des fleurs ont été placées : c'est un symbole clair en faveur du combat non violent pour la liberté.

Dix ans plus tôt, j'ai exprimé mes idées d'une manière semblable. Alors, j'ai également renvoyé à la nécessité de l'amour, de la sympathie et de la non-violence. Je fus peut-être classé comme idéaliste. Aujourd'hui, nous ne pouvons plus considérer ces idées comme purement idéalistes.

Ainsi, je pense que le monde a changé. Ce changement produit des effets positifs dans tous les domaines. Nous autres hommes avons maintenant la chance de construire notre vie sur une authentique confiance et sur la non-violence.

Le temps du désarmement est venu.

Naturellement, il y a en nous des émotions négatives, des idées déterminées par la haine et l'aversion, qui ne peuvent que produire des effets destructeurs si nous leur en procurons les moyens, les armes nécessaires. Pour prévenir ce danger, nous devons entreprendre à la fois un désarmement spirituel, intérieur et un désarmement matériel, extérieur.

Le temps de ce désarmement intérieur et extérieur est venu. Dans les rapports entre l'Est et l'Ouest, les armes nucléaires jouaient un grand rôle et elles ont même préservé la paix pendant un certain temps. Toutefois, cette paix de dissuasion n'était pas une paix authentique et durable. Ces armes devraient être supprimées maintenant.

La paix entre l'Est et l'Ouest était une paix fondée sur la peur et empreinte d'une méfiance réciproque. La paix qui se produit maintenant, après la chute du mur de Berlin, croît sur le sol d'une confiance réciproque. Je la considère comme une paix véritable. Une paix authentique est très liée au développement de la sympathie et elle dépend uniquement d'une disposition intérieure et positive.

Notre but devrait être un désarmement total, mondial. Nous devrions chercher à atteindre ce but. Le désarmement authentique et complet ne peut s'accomplir que pas à pas. D'abord doit cesser le commerce des armes. Je considère le commerce des armes comme extrêmement mauvais et honteux. On peut sans doute tirer de gros profits de ce commerce, mais on peut gagner de l'argent sans armes. Les Japonais par exemple n'exportent pas d'armes et gagnent pourtant beaucoup d'argent.

Dans un second temps les armes atomiques devraient être supprimées. Les autres armes offensives pourraient être également éliminées; les pays s'appuieraient alors sur la seule défense. Plus tard, toutes les armées nationales pourraient être supprimées. Naturellement, on peut supposer avec raison que, parmi les milliards d'êtres humains dans le monde, certains projettent quelque chose de mal. Mais pour les contenir on pourrait former des troupes internationales. Comme étape préliminaire, il serait possible de former des troupes régionales qui n'appartiendraient pas à un pays déterminé.

Il y a quelques années, lorsque des discussions sérieuses sur le désarmement atomique ont commencé, un ami m'a dit : « Il est relativement facile d'instituer un contrôle réciproque des armes s'il y a une volonté politique en ce sens. Mais s'il manque la volonté politique, il est impossible d'y parvenir. » C'est pourquoi de petites différences sont exagérément transformées en points de controverse considérables afin que se produisent des empêchements difficilement surmontables. Si notre but est un véritable désarmement dans le monde et si nous cherchons sérieusement à atteindre ce but pas à pas, nous devons développer la volonté politique qui lui correspond. C'est seulement alors que nous aurons une chance réaliste d'atteindre notre but.

La production d'armes exige le concours de beaucoup de personnes et dilapide nos ressources. Les forces humaines de travail et les ressources naturelles pourraient être employées pour d'autres choses plus nécessaires. Il y a de grandes différences entre pauvres et riches bien que nous vivions ensemble sur une seule planète. Dans quelques continents, par exemple l'Afrique, les êtres humains meurent de faim et de maladies comme le sida. Là aussi, du point de vue écologique et sur le plan d'une politique de l'environnement, beaucoup de difficultés se présentent. Elles exigent notre engagement et tous les moyens financiers dont nous disposons. Si une grande partie de nos moyens est employée pour des choses destructrices, c'est mauvais.

Vous croyez peut-être que mes paroles sont présomptueuses. Je crois cependant qu'il y a des millions d'hommes dans le monde qui ont des pensées semblables, qui veulent également les exprimer, mais n'ont pas de voix pour se faire entendre. C'est pourquoi je veux présenter ces idées en leur nom. Grâce à tous ceux qui pensent la même chose, j'ai le sentiment de devoir dire tout cela.

La responsabilité des religions.

La religion revêt ici une signification particulière. Les différentes religions doivent reconnaître leur responsabilité commune. C'est pourquoi il est important pour elles de vivre en harmonie et de parler les unes avec les autres. Certes, il y a de grosses différences entre les religions, mais si l'on s'aborde les uns les autres avec franchise et si l'on veut échanger honnêtement et apprendre les uns des autres on découvre beaucoup de convergence. Je suis sûr qu'on pourrait trouver une grande base commune. Les religions pourraient mettre cette base au service d'un développement positif dans le monde.

Nous aussi, Tibétains, nous devons et nous voulons contribuer au désarmement mondial et favoriser un développement authentique de la paix. Pour que nous nous acquittions de cette responsabilité et que nous puissions accomplir cette tâche par notre culture et notre religion, il faut un Tibet libre, où nous pourrions développer et vivre ces valeurs. Mon but, et celui des Tibétains, est de faire de notre pays un territoire de paix, un pays libre dans lequel les êtres humains peuvent vivre ensemble selon leurs valeurs religieuses et culturelles. Nous voulons atteindre ce but par la voie de la non-violence, par la voie du dialogue.

Nous sommes tous des êtres humains, nous vivons ensemble sur cette planète. C'est pourquoi nous avons tous à porter notre part de responsabilité pour le développement positif de l'humanité et l'avenir de la planète. Je voudrais vous demander de prendre cette responsabilité, d'en mesurer le sens et de vous engager dans le sens de ce qui est bénéfique à l'humanité.

EUGEN DREWERMANN

Christianisme et bouddhisme

L'amour est plus fort que la violence

Mes chers frères et sœurs bouddhistes et chrétiens. C'est ainsi qu'il m'est permis de vous adresser la parole. En effet, vous êtes tels parce que vous êtes tous conscients que nous devons entrer dans une fraternité mondiale de tous les hommes de bonne volonté, quelle que soit leur religion, leur confession ou, surtout, leur idéologie.

MA CONVERSION AU BOUDDHISME

Pour dire la vérité, ma conversion au bouddhisme a commencé à l'âge de seize ans. On discutait alors en République fédérale du réarmement et l'Église catholique, depuis le pape jusqu'au curé de paroisse, expliquait qu'aucun catholique n'avait le droit d'en appeler à sa propre conscience pour refuser le service militaire; et elle imposait cela comme un devoir. Je ne savais pas alors s'il y avait un Dieu dans le ciel. Je savais seulement que, s'il y avait un Dieu dans le ciel, il serait contre le fait que des hommes apprennent à tuer au détriment d'autres êtres humains.

Beaucoup de choses me faisaient alors souffrir : la détresse au Biafra, la misère des masses au Congo et en Inde. Je me tourmentais effroyablement en regardant les lièvres et les faisans, dans la période précédant Noël, suspendus, tout sanglants encore, aux devantures des magasins de luxe pour exciter l'appétit et répandre la joie des jours de festivité. Mais ceux qui me faisaient souffrir le plus étaient les hommes qui ne souffraient pas du tout de cette situation et la trouvaient tout à fait normale. Ils riaient même à l'idée qu'un être vivant d'autres êtres prend la vie pour assurer sa subsistance et que, de temps à autre, des hommes en tuent d'autres par centaines de milliers, simplement pour établir le tracé d'une frontière ou bien pour satisfaire l'arbitraire des puissants.

Au sein de l'Église catholique, il n'y eut alors aucune personne autorisée pour voir l'ombre d'un problème dans le fait que ce monde est aussi sanglant et aussi cruel que l'abattoir de Paris. Les membres de cette Église considéraient la misère de masse des animaux comme l'accomplissement de la volonté de Dieu et ils voyaient même dans une guerre atomique, contre la Chine communiste ou la Russie soviétique, une preuve possible de la divine volonté de justice.

Je me sentais moi-même complètement isolé dans la forme de religion dont j'avais hérité. Là il y avait une vérité, une évidence humaine de la compassion avec les animaux, avec les hommes, mais elle n'était pas autorisée, au nom d'une certaine image de Dieu, au nom d'une certaine tradition théologique, au nom d'une multitude d'autorités tenues pour saintes. J'étais alors, comme je l'ai dit, âgé de seize ans et je décidai de ne plus me laisser prescrire de l'extérieur des sentiments religieux et des évidences morales ; je n'avais plus de goût pour une communauté de croyants qui tient sa cohésion essentiellement de l'angoisse, de l'adaptation et du conformisme imposé. Je ne voulais pas de ce Dieu qui me forçait à renier mes sentiments les meilleurs et à étouffer mes meilleures pensées et je commençais à haïr une communauté de croyants dont la foi semblait consister en une paresse intellectuelle et en un engourdissement sur commande de la sensibilité.

Dans ce désordre de l'esprit et du sentiment, je tombai sur un petit livre, une sélection des écrits d'Arthur Schopenhauer, édités par Reinhold Schneider : ce grand poète, qui souffrait d'un catholicisme insensible à la douleur, écrivait dans l'introduction que Schopenhauer, découvrant une mendiante sur les marches de pierre de la cathédrale de Lisbonne, y avait vu un argument en faveur de l'athéisme. Il en fut de même lorsqu'il assista à la chasse d'un écureuil par un busard. Le pire était de devoir entendre sur les champs de bataille d'Asie et d'Europe le douloureux cri de triomphe des vainqueurs, toujours conscients d'avoir aidé au triomphe du droit, de la morale et finalement de Dieu lui-même.

C'était la première fois que je me sentais libéré intérieurement en écartant certaines images de Dieu et j'étais reconnaissant envers une certaine vision du monde qui plaçait en son cœur la question de la libération de la souffrance des créatures et l'expérience de la souffrance. Je me réjouissais d'une nouvelle conception du monde qui n'a plus rien à faire avec un faisceau de prescriptions imposé aux hommes, mais bien avec une compassion profondément bienveillante pour toute créature. Pour la première fois, je me posai la question : comment libère-t-on les créatures souffrantes des conditions de l'existence et nous autres, êtres humains, des conditions de l'existence créée elle-même ? Le chemin vers la doctrine de Siddharta Gautama Bouddha n'était plus très éloigné.

Aujourd'hui encore sont suspendues dans mon bureau les photographies d'une sculpture khmère du XIe siècle, provenant du musée Guimet à Paris. Un visage humain franc, serein et gai regarde celui qui le contemple, dans un mandala de paix et de réconciliation. Quelle nostalgie du Bouddha m'a saisi alors ! C'était pour moi une impression grandiose. Ici, non seulement il était permis, mais commandé avec évidence, de nourrir un sentiment de compassion et de bienveillance envers tout être vivant ! Ici, on cultivait la volonté de ne pas blesser, l'*ahimsa,* la non-violence. Enfin, je rencontrais une culture qui ne place pas en marge de certaines prescriptions mais en son centre l'idée et le principe d'action de l'*ahimsa,* à l'égard des animaux, des êtres humains : ne pas blesser. Cette idée et ce principe de la non-violence sont aussi mis en valeur dans le Sermon sur la montagne. Ils en sont cependant restés au stade de la parole et n'ont jamais réellement influencé la culture chrétienne occidentale.

Dans la doctrine du Bouddha, le caractère pacifique du cœur humain et l'intelligence des multiples raisons de l'erreur, des identifications trompeuses, de l'illusion et de la violence ont contribué à former une sagesse éminente. Cette doctrine avait en aversion toutes les théories métaphysiques sur le divin et prônait la véracité et la sincérité de la vie comme ce chemin qui mène directement à la vérité. Il n'était pas seulement permis, mais naturel de cultiver et d'exercer comme une méditation quotidienne une compassion et une sympathie universelles envers toutes les créatures capables de souffrir. Je rencontrai dans la figure du Bouddha un sage qui considérait comme inutiles les opinions sclérosées des théologiens et qui se préoccupait uniquement de cultiver la véracité de la vie humaine en expliquant tranquillement les fausses identifications, l'imposture intérieure face à la réalité du monde, les multiples illusions de nos sens ; il était toujours prêt à comprendre au lieu de condamner, à calmer au lieu d'exciter, et à chercher. C'était une vérité qui n'avait jamais été présentée aussi ouvertement aux yeux des hommes.

C'est à la lettre que je trouvai refuge à cette époque auprès de Bouddha, du *dhamma,* de sa doctrine. Et si, jusqu'à aujourd'hui, indécis, je n'ai pas cherché refuge auprès de la *sangha* — la communauté bouddhiste —, cela tient uniquement à ma conviction qu'il est presque indifférent d'appartenir extérieurement à telle ou telle forme de religion, l'essentiel étant de la vivre. J'ai gardé cette certitude. Nous, qui nous nommons chrétiens, nous devrions devenir davantage bouddhistes pour être davantage chrétiens. Je ne peux dire le contraire, vu ma propre expérience. Je suppose naturellement qu'il est vrai aussi — en tout cas au sens où l'exprime le Dalaï Lama — que l'on devrait être plus chrétien pour devenir encore mieux bouddhiste.

Qu'en est-il de la bonne foi des lamaïstes tibétains qui, dans l'héritage de la sage doctrine du Bouddha, ont cherché à préserver des transactions de la politique mondiale, grâce à une vie passée dans l'isolement et le calme, leur royaume sacerdotal théocratique et pacifique ? Après l'invasion des communistes chinois, qui ont agi sans pitié et dans le dessein d'étendre leur puissance, le Dalaï Lama lui-même ne voulait pas croire que le grand président Mao, avec qui il avait si souvent parlé personnellement, pouvait avoir donné l'ordre d'envahir le pays et de détruire systématiquement et sans faiblir la religion bouddhiste et la culture au Tibet. Mais il en était ainsi.

C'est en 1962 que j'eus entre les mains le livre de Sa Sainteté, le Dalaï Lama : *Mon pays et mon peuple.*

Il y décrit, pour l'avoir vu personnellement, comment un peuple entier fut détruit et anéanti culturellement et ethniquement par les occupants communistes chinois, comment on pilla les monastères et outragea les moines et comment on commença à rééduquer le peuple dans l'esprit du léninisme et du marxisme. Le 9 septembre 1959, le Dalaï Lama écrivit de New Dehli au Secrétaire général de l'ONU : « Excellence ! Nous nous référons courtoisement à la décision du comité d'orientation de l'assemblée plénière des Nations unies du 24 novembre 1950, selon laquelle le traitement de la plainte du Salvador à cause de l'"invasion du Tibet par des forces étrangères" devait être retiré pour donner l'occasion aux parties d'un règlement pacifique. À mon plus grand regret, je dois porter à votre connaissance que l'acte d'agression s'est fortement étendu. Le résultat en est que pratiquement tout le Tibet est occupé par des forces armées chinoises... Dans ces circonstances et en considération du traitement inhumain et des crimes contre l'humanité et la religion auxquels le peuple tibétain est soumis, je demande une intervention immédiate. Ils [les Chinois] ont pris leurs biens à des milliers de Tibétains, ils ont dérobé leurs revenus et les ont poussé ainsi au désespoir et à la mort... Des hommes, des femmes et des enfants ont été rassemblés dans des groupes de travail et forcés, sans rémunération ou avec une rémunération purement symbolique, à travailler à des ouvrages militaires... Ils ont pris des mesures cruelles et inhumaines dans le but d'anéantir complètement la race tibétaine... Des milliers d'innocents ont été tués brutalement au Tibet... Beaucoup de citoyens faisant partie des élites ont été massacrés sans cause ni justification... Tout ce qui peut être imaginé pour anéantir notre religion et notre culture a été mis à exécution. Des milliers de monastères ont été rasés, des images saintes et des objets de culte ont été complètement détruits. La vie et les biens ne sont plus garantis, et Lhassa, la capitale de l'État, est une ville morte. Les souffrances que mon peuple endure sont indescriptibles, et il est extrêmement urgent que soit mis fin sans tarder à cette extermination intentionnelle et brutale de mon peuple. »

Du fait que le Tibet n'était pas membre des Nations unies, l'annexion barbare du Tibet ne concernait pas cette organisation et on se rallia vite à l'opinion de la propagande communiste chinoise qui prétendait que le Tibet était une vieille terre de culture chinoise et qu'on ne pouvait pas interdire à une future grande puissance, dans son grand « bond en avant », d'occuper les espaces libres des territoires liés à ses intérêts. Neuf années plus tard, la requête du Dalaï Lama à l'ONU n'était toujours pas entendue. À Katmandou au Népal, à Bénarès en Inde, et en Suisse (ou en France) le voyageur occidental peut visiter les réfugiés du dernier royaume sans armes, les derniers témoins de l'incapacité humaine, une nouvelle fois attestée, à imiter ou du moins à respecter ou à épargner ce qu'il y a humainement de précieux et de rare.

Le Dalaï Lama est le chef spirituel et temporel des Tibétains. C'est exactement ce qu'il est au sens de sa propre religion. Le bouddhisme n'a jamais admis la duplicité et l'hypocrisie relatives à la distinction entre spirituel et séculier, grâce à laquelle, dans le christianisme, un certain dimanche de janvier 1991, nous pouvons prier pour la paix et, le jeudi de la même semaine, expliquer officiellement dans l'Église qu'une guerre qui coûtera la vie à des centaines de milliers d'hommes est conforme au droit et inévitable.

Depuis l'époque de l'empereur Ashoka (272 avant le Christ), le bouddhisme a réussi à faire prêter serment aux puissants et aux gouvernants d'abjurer la violence et de s'engager sans condition pour le principe de l'*ahimsa.* Mais alors nous devons choisir et nous demander en quoi nous croyons vraiment : à la puissance de l'argent ou à celle de l'esprit. Vous ne pouvez servir Dieu et Mammon, lit-on dans le Sermon sur la montagne.

En 1983, alors que Sa Sainteté le Dalaï Lama devait être invitée à Munich, à l'occasion d'un rassemblement, l'invitation fut aussitôt annulée par la chancellerie de l'État, à Munich, par la plume de Franz Josef Strauss. On craignait de voir le lucratif commerce avec la Chine communiste subir des pertes. Nous pourrions apprendre du bouddhisme qu'on n'a le droit de diviser ni la langue ni le cœur d'un être humain si l'on veut réellement servir le bien des hommes. Lorsque le Bouddha vint au monde — il était l'incarnation terrestre du Bodhisattva Avalokiteshvara, du « Seigneur qui regarde en bas avec bonté » —, il lui fut annoncé qu'il devrait se décider entre deux chemins : devenir grand en pouvoir comme roi ou bien devenir grand en sagesse comme Maître de l'humanité — le chemin de la bonté, celui de la vérité n'est apparemment pas compatible avec le chemin de la conquête et de l'exercice du pouvoir.

Je suis très heureux de vivre ce moment où Sa Sainteté a pu prendre la parole huit ans plus tard à Zurich. Et je crois pouvoir parler en votre nom à tous, lorsque je demande à Sa Sainteté le Dalaï Lama : qu'en est-il de ton peuple ? et lorsque je crois pouvoir l'assurer que nous tous, qui sommes ici, ferons notre possible, quel que soit l'endroit où nous sommes, pour faire valoir la revendication de liberté du peuple tibétain, que ce soit par l'écrit, par la prédication, par la politique, par les voies du commerce : il est puissant le peuple qui sait ce qu'il veut et impuissants sont les tyrans. L'eau est plus forte que la pierre (vieille sagesse orientale).

Dans cette célébration, au milieu de cette liturgie, je voudrais remercier de tout cœur Sa Sainteté, le Dalaï Lama, pour l'exemple de décennies d'un gouvernement spirituel, pour sa noble sagesse, sa bonté et sa sérénité face à son peuple dans la misère et l'exil, la répression et l'errance, la dépendance despotique et la privation du droit. Je le remercie pour la façon avec laquelle il devint missionnaire de la vie, à travers l'Europe, avec une bonté presque enfantine, une amitié, une chaleur humaine, un charme incroyable. Nous le remercions avant tout pour la calme patience et la sérénité pleine d'espérance, dans toutes ces années d'effroi. Nous savons qu'il fut possible, sur les hauteurs de l'Himalaya, d'édifier une religion et une culture de la maturation longue, qui agit sur la psyché de l'homme en intégrant et non en dissociant, qui exècre la violence et permet de définir le bonheur d'un homme comme un mélange homogène d'esprit de paix et de bonté, d'engagement, de sérénité, de clarté spirituelle et d'amour rayonnant.

Le centre de toute religion est la prière. Je voudrais montrer par un exemple dans quelle mesure il nous est possible, comme bouddhistes et comme chrétiens, de dire le *Notre Père,* le cœur de la prière chrétienne, de telle sorte qu'il puisse être dit et prononcé en commun et que nous fassions l'expérience d'une même nostalgie et de l'espérance de tous les hommes de bonne volonté. Car il n'est plus permis que ceux qui prient au nom de Dieu, et qui ne sont rien d'autre que des frères et des sœurs, se divisent dans des camps séparés. On ne peut plus permettre non plus que notre invocation de Dieu comme Père de tous les hommes continue de créer des séparations entre tous ses enfants. Quelle que soit notre idée de la vérité et du contenu des différentes formes de religion, s'il y a une vérité en elles, c'est une vérité qui sommeille en tout homme, mais qui ne peut être trouvée et développée que par la bonté, l'humanité et la douceur. Jésus ne voulait pas fonder une nouvelle religion ; ce qu'il voulait, comme le Bouddha, c'était l'humanisation rédemptrice de toute religiosité. Considérons en ce sens le *Notre Père.*

LE « NOTRE PÈRE »

C'est au beau milieu du Sermon sur la montagne (Mt 6, 9-15) que se trouve cette « prière du Seigneur [1]. » On ne peut pas la « commenter », mais seulement l'« accomplir » et la « méditer » en priant. On ne peut commenter un poème que par un poème, un chant que par un chant, une prière que par une prière. On ne peut pas interpréter le *Notre Père* en le découpant, en l'analysant et en le commentant mot par mot, phrase par phrase. Si on veut le comprendre, il faut le dire à voix haute, comme on le fait toujours depuis l'enfance, et le mettre en relation avec les scènes et les images dans lesquelles il se vérifit et se confirme. Essayons donc de prier ensemble la prière du Seigneur.

Notre Père, Toi qui es aux cieux [2]...

C'est ainsi que nous avons le droit de t'appeler, Toi, réponse aux questions des désespérés. Toi consolation de ceux qui sont appelés mais fourbus, Toi lumière des âmes assoiffées, Toi repos de ceux qui sont tombés à terre, Toi la rampe sur la passerelle, Toi le pont au-dessus du précipice, Toi main invisible qui protège l'oiseau dans le nid, le poisson sur le fond, la marmotte dans le terrier, Toi force de la création qui se meut en tout et qui se cache en tout, Toi réalité sublime, insondable, mystérieuse, terrible derrière la multitude contradictoire des phénomènes qui se présentent à nous — nous te nommons Père dans notre solitude, nous avons confiance en Toi dans notre fragilité. Tu fais de ce monde fugitif notre patrie, Tu nous donnes, à nous enfants de l'exil, un lieu de refuge ; vers Toi nous tournons notre regard, car c'est en Toi que nous trouvons la direction et le large. Aussi souverain que Tu sois et inatteignable, aussi élevé au-dessus de tout ce qui nous entoure — oui, Toi qui es aux cieux, proche comme le souffle du vent et éloigné comme les étoiles, insaisissable et pourtant présent, Toi qui soutiens tous les noms et toutes les idées, Toi unité de tous les mots et de toutes les pensées, Toi qui parles en faisant silence, Toi Père qui es aux cieux, fais de nous tes enfants. Car nous sommes seulement une partie dans ton Tout, mêlés indissolublement l'un à l'autre ; fais-nous être un, Toi notre Père. Toi qui es dans les cieux, fais de la petite Terre la demeure de tes enfants.

Que ton Nom soit sanctifié (que soit reconnu ce que Tu es)[3]...

Car Toi seul Tu es et tout ce qui est auprès de Toi doit son existence à ta puissance et à ta bonté : pensée de ta Sagesse et parole de ta bouche. C'est pourquoi tout être te nomme et te loue par la grâce de son existence et porte en lui la mémoire indélébile de son origine qui vient de Toi. C'est de Toi qu'il provient et à Toi qu'il revient, Toi le majestueux, Toi l'impérieux, Toi l'unique. T'invoquer rend le salut aux malades, penser à Toi donne grandeur aux pauvres, se souvenir de Toi met en ordre notre vie. Notre faiblesse reçoit force de ta réalité, en ton Nom nous nous redressons. Parce que Tu es, la brume des idoles se dissipe, l'embrun des prétendus dieux s'évapore, à la lueur de ta lumière tombe l'éclat sur l'ombre que nous sommes. Tu t'exprimes dans tout vivant, Tu te fredonnes dans la danse des sphères, Tu t'énonces dans tout ce qui réjouit, Tu te plains dans tout ce qui souffre. Toi, nostalgie de notre recherche, Toi repos de notre effort, Toi paix de notre quête, remplis-nous du sentiment de la sainteté et du caractère intouchable de la particulière beauté de ton monde si digne d'être protégé.

Que ton règne vienne (qu'advienne ce que Tu fais)[4]...

Car ce que Tu es et ce que Tu fais, ton Royaume, ce sont les galaxies et les masses d'étoiles, ce sont les étoiles fixes et les planètes ; ton Royaume, ce sont les volcans et les mers, les montagnes et les lacs, ce sont les bois et les déserts de glace, de sable et de sel. Tu règnes dans la houle incessante des marées, Tu agis dans la fabrication des cristaux, Tu mets ta forme dans les dessins d'une coquille d'huître, Tu te meus dans les pattes d'un crabe, Tu nous regardes dans le regard curieux d'un petit singe rhésus, Tu es la tendresse de la chatte qui lèche ses petits, Tu es la force de la lionne qui déchire sa proie. Ton Royaume est amour, ordre, sagesse et souvent indifférence et cruauté presque insaisissables ; en Toi s'assemble ce qui se contredit toujours, que nous le voyions ou non. Car Tu règnes entièrement de l'intérieur, et ta puissance est inscrite dans l'essence de toutes choses. Ton Royaume, c'est la volonté de liberté de ceux qui ont été outragés, c'est l'appel à l'égalité des droits dans la bouche des hommes qui sont méprisés à cause de leur couleur, c'est la colère des blessés de guerre et des laissés-pour-compte ; ton Royaume, c'est la révolte courageuse de ceux qui sont asservis par un salaire insuffisant, c'est la rébellion de ceux qui sont éternellement exploités, c'est la grève de ceux qui sont brisés dans leur corps et dans leur âme sur leur lieu de travail ; ton Royaume, c'est de combattre pour la dignité de tout homme et même pour le droit à l'existence de la moindre partie de ta création. Ton Royaume, c'est la vérité que nous sentons sans ambiguïté. C'est pourquoi : que s'effondre le royaume du mensonge, dans lequel des êtres humains règnent sur d'autres êtres humains ; réduis à néant la vanité des puissants, ôte de notre cœur la docilité inspirée par la crainte, la fausse adaptation, l'esprit de soumission de l'obéissance paresseuse et « béni oui-oui », où l'on abdique. Défends ton image en nous et donne-nous la force de réserver à Toi seul le Nom de Dieu. Ton Nom, la réalité, ton être, que cela soit la seule chose qui compte. Car c'est seulement là où Tu règnes que les hommes deviennent grands. Que ne règne en nos cœurs aucun royaume de la terre se fondant uniquement sur les armes, l'argent et l'arrogance. Seigneur, Tu es, Toi le seul digne de confiance, Toi le seul qui perdures, Toi le but de l'espérance de tous les hommes. Que ton Royaume vienne !

Que ta volonté soit faite (qu'advienne ce que Tu veux), sur la terre comme au ciel [5].

Car ce que Tu veux est la loi cachée au plus profond des choses. Tu es la forme s'épanouissant au cœur d'une rose, Tu es la légère oscillation de l'aiguille d'une boussole, Tu es la nostalgie d'une hirondelle qui vole vers le sud, Tu es le glissement d'une mouette dans la tempête.

Tu es l'arc-en-ciel dans les nuages, Tu es la rosée de perles à l'automne sur une toile d'araignée, Tu es l'effort et l'exactitude du vibrosome dans les cellules, Tu es, tout-puissant. Ce que Tu veux est, et de nouveau se forme ce que Tu veux à partir du libre jeu des forces qui sont tiennes dans les choses. Lumière qui luit au-dessus de l'horizon, point de fusion de la mer et du ciel, ô descends d'en haut, que nous te sentions en nous avec toutes les fibres de notre imagination, avec toute la passion de l'amour, pour que nous ne souffrions aucun délai à devenir ta réalité. Car ce que Tu veux, c'est la poussée inépuisable, mystérieuse, vers la vie et le déploiement de soi qui trace le tout en chaque partie.

Ta volonté laisse s'épanouir les œillets de mer au fond de l'étendue marine, elle forme la beauté enchanteresse des coraux, elle enseigne au turbot et à la sole à se cacher dans le sable, elle porte les papillons sur ses ailes au-dessus des océans. Ta volonté est la confiance en soi et le bonheur de puiser en soi-même la force de vivre et de se déployer, aussi riche et beau qu'il est possible. Ta volonté est la difficile voie vers l'harmonie de la multiplicité inouïe des choses — l'écoute réciproque et la ferme tenue de son propre ton, la graduation de son propre vouloir et l'attention au prochain, la force et le courage d'être, en même temps que la capacité d'avancer prudemment, avec doigté. Toi, la coulée de lave dans les cheminées des volcans, Toi, douce lumière du soir au-dessus des eaux, réunis le ciel et la terre, réconcilie nos rêves avec le jour et laisse-nous marcher sur la voie du soleil jusqu'à ce que l'onde de la lumière nous porte jusqu'à Toi. Toi, boule de feu derrière les volcans, Toi, reflet sur l'estuaire, ne dédaigne pas notre faiblesse. Nous aimons ta volonté qui est, en définitive, notre vie. Aide-nous à la suivre, car c'est seulement dans la mesure où nous t'obéissons que nous nous appartenons à nous-mêmes.

Donne-nous aujourd'hui notre pain de chaque jour [6]...

Et assiste-nous dans nos soucis de tous les jours. Certes, ils sont souvent petits et misérables, mais c'est ainsi que nous sommes et Tu nous connais. Notre pain quotidien, ce sont les yeux rieurs de l'être humain que nous aimons, c'est la pression d'une main ou un mot amical, c'est un encouragement lorsque le travail nous pèse, ce sont les premières violettes sur l'escarpement et les anémones en fleur au bord de la forêt, ce sont les bonds joyeux du chien près de l'étang et le chant du merle dans le buisson de genêts, c'est le givre pur de la première gelée sur la branche et la chaleur familière de la maison, c'est le passage des nuages dans le ciel et le crépitement de la pluie contre les vitres, c'est un vêtement neuf sur la peau et une nouvelle chaise dans le coin, c'est la mélancolie de navires qui s'éloignent et l'agitation pleine d'attente lors de l'arrivée d'un train, c'est l'espoir hésitant du malade qu'il fera bientôt jour, c'est la première promenade d'un convalescent dans le couloir d'un hôpital, c'est la visite fidèle et triste aux tombes des chers défunts. De tout cela nous vivons au fil des jours, dans tout cela nous sommes, au fil des jours. C'est notre pain quotidien.

Mais aussi du pain au sens propre du terme ! En son nom les hommes font la guerre : pour chaque point d'eau, pour chaque source de pétrole, pour chaque minerai de fer, pour chaque rivière, pour chaque terre fertile — des guerres sanglantes avec beaucoup de morts, des guerres non sanglantes avec encore beaucoup plus de morts, des luttes pour des emplois et pour des marchés, pour des matières premières et des parts de marché, pour des informations et ainsi pour du pouvoir et toujours plus de pouvoir. Au nom du pain les hommes diviseront la terre et les mers en parcelles et les jetteront comme butin aux plus puissants. Au nom des quatre cent sortes de pain différentes dans les pays du premier monde, les forêts ancestrales seront défrichées et les champs dévastés jusqu'à ce qu'il n'y ait plus aucun lieu pour les champs de riz de ceux qui ont faim et pour les cultures de millet des affamés... Au nom du pain, seront commis les pires crimes : la surdité des oreilles devant le cri des mourants, l'aveuglement des yeux devant la misère des réfugiés économiques, l'avidité inépuisable pour des terrains, du capital, du travail. Ô, donne-nous notre pain quotidien jusqu'à ce que nous apprenions, au moins dans le superflu, la bonté ! Pourtant Tu laisses fructifier assez de grains sur les tiges et la terre qui est tienne offre suffisamment de place pour les multitudes d'hommes. C'est pourquoi donne-nous d'abord des larmes de miséricorde jusqu'à ce que nos yeux s'éclaircissent et puis apprends-nous le courage de vaincre notre angoisse pusillanime et de partager généreusement entre nous ce dont nous disposons, dans la reconnaissance et fraternellement, à l'unique table de ta grâce. Ainsi donne-nous notre pain quotidien.

(Et il reste à ajouter une prière qui n'est pourtant pas dans le *Notre Père* mais qui en fait partie ici. C'est cette demande :) Et souviens-Toi aussi de nos sœurs et frères aînés, les animaux. Renouvelle avec insistance pour leur protection ton ancien commandement au sixième jour de la création : l'être humain doit se nourrir des plantes des champs, mais non pas des animaux (Gn 1, 29-39)[7]. Interdis aux hommes de tuer des animaux pour les manger. Car ce sont aussi des êtres sensibles, en eux aussi habite la nostalgie de la vie : ils sont nos compagnons sur le chemin commun de l'immortalité. Aussi longtemps que des hommes tueront des animaux, ils feront aussi la guerre. Aussi longtemps que des hommes mangeront des animaux, ils tortureront à mort leurs victimes innocentes : par centaines de milliers dans les laboratoires et les installations d'élevage collectif, par millions dans les abattoirs des villes, par myriades dans les mers du monde. Leur fleuve de sang ne doit pas servir plus longtemps de nourriture, leur corps de manière première, leur vie de provision pour nous, les hommes. Interdis-nous, Seigneur, la viande quotidienne. Donne-nous aujourd'hui notre pain quotidien.

Et pardonne-nous nos offenses [8]...

Beaucoup plus encore que de pain, nous vivons de pardon. Toutefois, ne nous pardonne pas les petites offenses, pardonne-nous nos échappatoires permanentes, le filet des grandes excuses dans lequel nous retenons prisonnier notre moi : « nous ne pouvions pas », simplement parce que le courage nous a manqué ; « nous ne savions pas », simplement parce que, par peur, nous avons évité de regarder ; « nous sommes venus trop tard », simplement parce que nous n'avons pas osé à temps. Pardonne-nous ce déchirement de l'angoisse, qui neutralise nos connaissances les plus justes et nous tient à distance de nos meilleures résolutions. Pardonne-nous le fait de ne pas vivre vraiment, par manque d'engagement, de ne pas penser par nous-mêmes en préférant des vérités mensongères, de ne pas décider par nous-mêmes en abandonnant à d'autres notre responsabilité propre, de ne pas mettre nos propres sentiments à l'épreuve de la réalité en nous entortillant dans les mêmes obsessions puériles de n'être pas honnêtes avec nous-mêmes en nous réfugiant derrière des masques et des rôles, de laisser aux autres le soin de régler notre vie plutôt que de la prendre nous-mêmes en main. Avant tout Tu dois nous pardonner le mensonge et l'inauthenticité. Ils sont la cause de toutes les autres transgressions, fautes et crimes, et c'est seulement dans la confiance que Tu nous accordes malgré tout que nous réussissons à tenir ferme à la vérité de notre existence. C'est seulement sous la protection de ton pardon que nous trouvons le juste rapport à nous-mêmes, c'est seulement en croyant en Toi qui nous comprends que nous retrouvons la fermeté intérieure de la vraie liberté et c'est seulement dans la certitude de ta proximité que nous arrivons à nous connaître nous-mêmes. Toi, la respiration de notre âme, fortifie-nous dans tout nouveau commencement, donne-nous la persévérance et la patience des petits pas, accompagne-nous sur les chemins encore inconnus, ne nous laisse pas mesurer trop étroitement le cercle de la responsabilité et de la participation, inclus-nous dans ta largesse. Élève-nous au-dessus de la haine de soi et de la pusillanimité, détourne-nous de la fixation sur notre ombre, plonge-nous dans ta lumière et fais grandir en nous le bien. Les trop nombreuses fautes restent de toute façon : les fausses habitudes avec leur propre mécanisme, les conséquences d'un passé non maîtrisé, les instants de vrai naufrage, les dégâts d'une faiblesse imprévisible, les heures d'épuisement, particulièrement quand il faut agir, les phases de fatigue, de dégoût et de doute alors qu'il s'agit d'être particulièrement vigilant, les hypothèques d'erreurs aux lourdes conséquences en dépit de la tentative de faire ce qui est juste. Nous sommes toujours redevables de tant de choses, précisément aux êtres humains qui nous ont fait confiance ; c'est pourquoi nous sommes devenus leurs débiteurs. Qui, si ce n'est Toi, doit nous pardonner tout cela, puisque ceux qui sont concernés, souvent, ne le peuvent plus ! Pardonne-nous avant tout les mensonges que nous tenons pour inévitables, afin de ne pas en tenir rigueur aux autres. Pardonne-nous les moments où, par manque de maturité, nous ne sommes pas à la hauteur de la détresse qui nous surprend ; pardonne-nous d'être des hommes qui doivent toujours apprendre à partir de leurs erreurs et de leurs fautes et dont la durée de vie est beaucoup trop courte pour réparer les torts qu'ils ont causés. Pardonne-nous tout ce que nous sommes et convertis en bien les traces destructrices que nous avons laissées dans une vie étrangère. Pardonne-nous, Père, notre faute et enseigne-nous à nous pardonner à nous-mêmes. Donne-nous la foi en ton pardon ; donne-nous la foi en nous-mêmes.

Comme nous pardonnons à ceux qui nous ont offensés [9].

Et ne nous fais jamais oublier combien nous avons besoin les uns des autres. C'est justement parce que la faute nous rend solitaires et nous isole les uns des autres que nous avons besoin du pardon réciproque. Dans le bien et dans le mal nous sommes indissociablement et réciproquement impliqués et nous ne réussissons même pas dans nos rapports avec nous-mêmes à distinguer nettement entre coupable et victime, entre bien et mal. Ce qui est sûr, c'est que tout ce que nous pensons, disons et faisons advient à l'intérieur d'une seule et même spirale, où tout est en rapport avec tout. C'est pourquoi il n'est pas possible de demander pardon sans pardonner soi-même. Or qui reçoit le pardon pour soi le garantit déjà au même moment à tous les hommes avec lesquels il vit. Et pourtant il nous est souvent très difficile de nous pardonner les uns aux autres. Souvent nous disons trop tôt : « je te pardonne » alors que nous avons seulement peur de la discussion qui menace ; souvent nous disons : « ça suffit » et nous prenons seulement la fuite devant nos propres agressions en feignant un entendement compatissant qui ne prend pas l'autre au sérieux. Pour pardonner en vérité, Tu dois fortifier notre épine dorsale, Tu dois nous donner fermeté et autonomie, Tu dois adoucir la douleur des défaites subies, Tu dois nous rendre capables de soutenir des conflits dans la recherche de la vérité. Pour pardonner, nous avons besoin de ta main, dans laquelle nous nous sentons à l'abri. Donne-nous aussi de faire preuve de compréhension pour les êtres humains qui ne peuvent plus pardonner parce que ce qu'on leur a fait était trop grave. Ils souffrent parfois tellement qu'ils trouvent une consolation en souhaitant à d'autres une souffrance semblable ; en vérité, cependant, ils cherchent seulement réconfort, communion et reconnaissance. Toi, Père de tous les hommes, ne laisse personne tomber hors du tissu de la vie. Pardonne-nous, comme nous, nous nous y engageons, nous pardonnons.

Et ne nous soumets pas à la tentation mais délivre-nous du mal [10].

Car ceci nous le savons : nous sommes perdus si Tu ne nous visites pas. Certes, il y a les petites tentations :

l'inclination au confort, la tendance à une prompte jouissance, l'attrait d'une occasion favorable, la corruption de la superficialité et de la réflexion insuffisante. Pourtant la tentation en tant que telle — c'est l'instant d'une décision définitive où les buts les plus clairs se mettent à vaciller et où nous ne savons plus qui nous sommes : si notre petit monde s'écroule et que tout ce à quoi nous avons toujours cru nous paraît erroné, alors « Tu nous induis en tentation ». Nous savons bien que l'on ne peut éviter des crises de cette sorte ; elles font partie de la vie et sont le prix d'un développement vivant. C'est pourquoi nous te prions d'abord de ne pas vouloir nous épargner ; laisse-nous, au besoin, renier au dernier jour de la vie tout ce que nous avons pensé et fait sur terre, plutôt que souscrire un jour de plus aux vieilles erreurs ; donne-nous au moins la force des crabes et des crustacés de quitter régulièrement nos carapaces et nos cuirasses devenues trop étroites et de rester jeunes dans des formes nouvelles et élargies. Cependant, nous t'en prions, garde-nous de perdre notre identité ; fais que nous tenions ferme dans toutes les étapes de notre transformation, ne laisse pas se déchirer complètement la continuité de notre moi, pour que nous puissions nous recueillir et être nous-mêmes lorsque nous nous présentons devant Toi. Garde-nous du désespoir dans lequel nous nous torturons nous-mêmes en souhaitant notre propre mort et en préférant trouver une demeure dans le néant plutôt que d'être auprès de Toi. Car cela seul est le mal réel : l'esprit d'angoisse qui refuse le devenir et la transformation et qui fuit la responsabilité. Oui, laisse-nous plutôt errer que ne rien apprendre de plus, laisse-nous plutôt commettre des fautes qu'étouffer sous une masse d'exactitudes et d'amabilités, fais-nous plutôt échouer et faire naufrage sur des côtes lointaines que ne nous jamais laisser entreprendre le voyage dans l'inconnu. Arrache-nous à l'absence de courage, arrache-nous à l'entêtement dans le passé, arrache-nous au refuge de la vie ; arrache-nous à l'étroitesse. Père, arrache-nous au mal.

Élargissement.

À peine les dernières paroles du *Notre Père* se sont-elles effacées sur les lèvres de Jésus que Matthieu saisit l'occasion de revenir avec beaucoup d'insistance sur l'un des thèmes principaux de sa théologie : la nécessité de se pardonner les uns aux autres. C'est un passage qui montre clairement comment le message de Jésus se poursuit dans les textes du Nouveau Testament et comment il se modifie en même temps. La capacité de se pardonner les uns aux autres fait indubitablement partie du noyau le plus intime de la prédication de Jésus au sujet de la « royauté » de Dieu ; pourtant, ce que Jésus a dit du plus profond de la prière et de la grâce se transforme ici chez Matthieu en une exigence impitoyable et légaliste d'éthique chrétienne ; le mystère de la seigneurie de Dieu dans l'âme de l'homme devient chez lui une instruction, au nom de cette seigneurie, dans le registre de la maîtrise morale de soi ; d'un critère de décision concernant la rencontre avec Dieu nous passons à un critère concernant la correction des rapports des uns avec les autres. Certes, se reflète ici la tentative de conserver au centre de l'Évangile le sérieux de la prédication de Jésus, mais en même temps nous perdons la tension qui déterminait tout l'être de Jésus d'une façon unique : c'est en appelant Dieu son « Père » que Jésus voulait aller vers les hommes et résoudre les contradictions de leur vie. Mais chez Matthieu, au contraire, il s'agit plutôt d'une condition pour se comporter les uns avec les autres de façon à pouvoir ainsi remonter à Dieu. Le danger d'une telle transformation du message original est clair : une forme déterminée de l'expérience libératrice de Dieu est modifiée au profit de l'organisation et de l'ordonnancement d'une communauté, dans la mesure où l'on isole les conséquences d'une expérience particulière de ses présuppositions en ne la considérant plus qu'en elle-même. Il faut reconnaître à l'évangile de Jean le mérite d'avoir déjà reconnu, peu de décennies plus tard, la problématique qui commande cette évolution. C'est Jean qui donnera une nouvelle forme au thème du pardon et le restituera dans les récits de Pâques à la sphère du mystère : seul le souffle de Jésus comme ressuscité, dans le quatrième évangile, rendra les disciples capables de pardonner (Jn 20, 19-23)[11]; seul celui qui a vu de ses propres yeux et dans son corps comment la souffrance peut se transfigurer en joie sera en mesure d'ouvrir les portes verrouillées de l'angoisse et pourra pénétrer dans l'espace à découvert du réel pardon. Toutefois, il s'agit là d'une nouvelle histoire.

Si nous voulons relier le message de Jésus aux autres religions en cherchant un parallèle au *Notre Père* de Jésus dans les traditions de prières des peuples, en dehors des textes du judaïsme tardif ou primitif, nous le trouverons dans la merveilleuse section de la troisième sourate du Coran (v. 26-27) où on lit :

Dis :
Ô Dieu ! Souverain du Royaume :
tu donnes la royauté à qui tu veux
et tu enlèves la royauté à qui tu veux.
Tu honores qui tu veux
et tu abaisses qui tu veux.
Le bonheur est dans ta main,
tu es, en vérité, puissant sur toute chose.

Tu fais pénétrer
la nuit dans le jour
et tu fais pénétrer le jour dans la nuit.
Tu fais sortir le vivant du mort
et tu fais sortir le mort du vivant.
Tu donnes le nécessaire à qui tu veux, sans compter [12].

Et dans la quarantième sourate (v. 7-9), Mohammed fait demander aux anges, qui se trouvent auprès du trône de Dieu, le pardon pour les croyants avec ces mots :

Notre Seigneur !
Tu embrasses toute chose
en ta Miséricorde et en ta Science :
pardonne à ceux qui reviennent repentants vers toi ;
à ceux qui suivent ton chemin !
Épargne-leur le chemin de la Fournaise !
Notre Seigneur !
Introduis-les
dans ces jardins d'Éden que tu leur as promis,
ainsi qu'à ceux de leurs pères, de leurs épouses
et de leurs descendants qui sont justes.
Tu es le Tout-Puissant, le Sage !
Celui que tu préserves aujourd'hui
des mauvaises actions
bénéficie de ta miséricorde :
voilà le bonheur sans limite [13] !

Mais sur le thème du pardon mutuel le prophète disait :

La punition d'un mal est un mal identique ;
mais celui qui pardonne et qui s'amende
trouvera sa récompense auprès de Dieu [14] [Coran, XLII, 40].

SURMONTER LE MAL PAR LE BIEN

Dans le Sermon sur la montagne nous entendons Jésus dire :

Vous avez appris qu'il a été dit : œil pour œil et dent pour dent. Et moi, je vous dis de ne pas résister au méchant. Au contraire, si quelqu'un te gifle sur la joue droite, tends-lui aussi l'autre. À qui veut te mener devant le juge pour prendre ta tunique, laisse aussi ton manteau. Si quelqu'un te force à faire mille pas, fais-en deux mille avec lui. À qui te demande, donne ; à qui veut t'emprunter, ne tourne pas le dos.

Vous avez appris qu'il a été dit : Tu aimeras ton prochain et tu haïras ton ennemi. Et moi, je vous dis : Aimez vos ennemis et priez pour ceux qui vous persécutent, afin d'être vraiment les fils de votre Père qui est aux cieux, car il fait lever son soleil sur les méchants et sur les bons, et tomber la pluie sur les justes et les injustes. Car si vous aimez ceux qui vous aiment, quelle récompense allez-vous en avoir ? Les collecteurs d'impôts eux-mêmes n'en font-ils pas autant ? Et si vous saluez seulement vos frères, que faites-vous d'extraordinaire ? Les païens n'en font-ils pas autant ? Vous donc, vous serez parfaits comme votre Père céleste est parfait (Mt 5, 38-48).

« À celui qui te gifle sur la joue droite, tends-lui aussi l'autre. »

Il est des mots qui ont la douceur du fœhn et la force de destruction d'un typhon. Celui-ci en est un : « Je vous le dis : si quelqu'un te gifle sur la joue droite, tends-lui aussi l'autre. » Il suffit de prendre cette parole une seule fois au sérieux pour que soit ébranlée la conviction avec laquelle, dans le christianisme aussi, nous croyons qu'on peut toujours « en prendre et en laisser » à ce propos dans certaines circonstances. Nous devons prendre au sérieux cette parole, à la lettre, comme elle est dite et avec le sens qu'elle a. Car il est clair que, ni dans le domaine privé, ni dans le domaine public, il ne paraît possible aux êtres humains, à première vue, de penser ou bien de se conduire comme Jésus l'exige ici. C'est une parole qui met manifestement et intentionnellement en question ce que nous déclarons être le droit voulu par Dieu et notre droit écrit, que ce soit dans le domaine politique ou dans nos rapports personnels.

Dans le domaine public, c'est apparemment le droit explicite et même le devoir de tous les États de garantir la protection de leurs citoyens en empêchant que le « méchant », un « agresseur », les « frappe sur la joue » et il faut surtout, et en premier lieu, les garder de devoir tendre encore la joue gauche. Empêcher l'adversaire de donner le premier coup ou même s'assurer la possibilité de frapper le premier de façon préventive — ou au moins menacer de frapper par mesure de rétorsion —, c'est sur ces conventions, entre autres, que repose depuis des décennies toute la « politique de sécurité » ou, mieux, la « politique de dissuasion » des grandes puissances. À moins qu'il ne soit coupé de l'histoire conventionnelle par des milliers d'années et éloigné des peuples environnants par des milliers de miles de mer et de désert, il n'est aucun peuple ni aucun État dans le monde qui ne conditionne pas, aujourd'hui encore, les jeunes entre dix-huit et vingt-cinq ans à devenir des automates de la mort. En tant que soldats et conformément à leur devoir, ces hommes doivent obligatoirement être prêts — au besoin sous la menace de la dégradation ou de l'exécution — à anéantir de la manière la plus rationnelle, la plus propre et la plus efficace possible, dans l'obéissance et rapidement, autant d'êtres humains qu'il est nécessaire, par cibles choisies ou en masses, selon que les circonstances l'imposent.

À l'époque la plus sombre de l'histoire allemande un névropathe de haut rang, que l'on appelait le *Führer*, a même pu exprimer ce que, autrefois, presque tous pensaient et ressentaient : « Je suis national-socialiste et, comme tel, habitué à rendre les coups. » Le sentiment d'impuissance et d'angoisse et l'explosion de violence mortelle qui en résulta, voilà tout le mystère de l'épouvantail brun il y a cinquante ans, en Allemagne.

Il y a pourtant plus épouvantable encore que le fascisme de cette époque : manifestement, il n'existe jusqu'à aujourd'hui aucune foi ni aucune force nulle part dans le monde qui serait capable de briser le cercle vicieux de l'angoisse et de la violence. L'Église elle-même n'a plus trouvé depuis mille sept cents ans de parole officielle réellement critique à propos de la pratique apparemment courante d'angoisse et de terreur, de contre-violence et de contre-terreur. Dans son discours officiel en tout cas, encore au milieu des années cinquante, elle pouvait dire qu'en cas de guerre juste aucun catholique n'a le droit de refuser le service militaire en en appelant à sa conscience. Il en a encore été ainsi en 1956. Cela n'a changé qu'en 1964, au deuxième concile du Vatican, par la curieuse formule de compromis disant qu'il existe un service de la paix avec armes et un service de la paix sans armes — comme si tous les deux étaient de même valeur et comme s'il y avait aussi, pour Jésus, avant comme après, des bons soldats et des guerres justes. Certes, du point de vue purement politique, il est difficile de voir comment, en tant qu'homme d'État, au regard d'une situation donnée, on pourrait agir autrement qu'en conservant une certaine capacité de défense. Mais lui, Jésus, a défendu une autre vision de la réalité ; en face de la violence, il ne voulait absolument pas de contre-violence, mais l'absence de violence — oui, l'absence de défense. La stricte honnêteté est au moins de le dire, lorsqu'il s'agit d'interpréter les paroles de Jésus. Et maintenant, qu'en penser ?

Blaise Pascal fit remarquer le caractère douteux avec lequel, au nom de la vérité, les communautés humaines prennent le droit d'édicter des lois qui ne peuvent qu'assombrir la lumière de la vérité en rendant compatibles avec la volonté divine des conduites inhumaines. Il écrivit :

> Sur quoi la fondera-t-il, l'économie du monde qu'il veut gouverner ? Sera-ce sur le caprice de chaque particulier ? Quelle confusion ! Sera-ce sur la justice ? Il l'ignore.
>
> Certainement, s'il la connaissait, il n'aurait pas établi cette maxime, la plus générale de toutes celles qui sont parmi les hommes, que chacun suive les mœurs de son pays ; l'éclat de la véritable équité aurait assujetti tous les peuples, et les législateurs n'auraient pas pris pour modèle, au lieu de cette justice constante, les fantaisies et les caprices des Perses et Allemands. On la verrait plantée par tous les États du monde et dans tous les temps, au lieu qu'on ne voit rien de juste ou d'injuste qui ne change de qualité en changeant de climat. Trois degrés d'élévation du pôle renversent toute la jurisprudence ; un méridien décide de la vérité ; en peu d'années de possession, les lois fondamentales changent ; le droit a ses époques, l'entrée de Saturne au Lion nous marque l'origine d'un tel crime. Plaisante justice qu'une rivière borne ! Vérité en-deçà des Pyrénées, erreur au-delà.
>
> Ils confessent que la justice n'est pas dans ces coutumes, mais qu'elle réside dans les lois naturelles, communes en tout pays. Certainement ils le soutiendraient opiniâtrement, si la témérité du hasard qui a semé les lois humaines en avait rencontré au moins une qui fût universelle ; mais la

plaisanterie est telle que le caprice des hommes s'est si bien diversifié, qu'il n'y en a point. Le larcin, l'inceste, le meurtre des enfants et des pères, tout a eu sa place entre les actions vertueuses. Se peut-il rien de plus plaisant, qu'un homme ait droit de me tuer parce qu'il demeure au-delà de l'eau, et que son prince a querelle contre le mien, quoique je n'en aie aucune avec lui?

« Pourquoi me tuez-vous?

— Pourquoi me tuez-vous? Eh quoi! ne demeurez-vous pas de l'autre côté de l'eau? Mon ami, si vous demeuriez de ce côté, je serais un assassin et cela serait injuste de vous tuer de la sorte; mais puisque vous demeurez de l'autre côté, je suis un brave, et cela est juste. »

S'il en est ainsi, toutes les lois des États ont tort devant Dieu, dont la seule loi consiste dans la réconciliation des hommes; mais alors il faut enfin cesser de définir comme raison politique le schéma brutal de la violence et de la contre-violence, de l'action et de la réaction; il s'agit bien plutôt et uniquement de quitter le cercle éternel de l'angoisse, de la haine, de la destruction, de la douleur et de la vengeance et de ne plus répondre au mal par le mal. Il s'agit, finalement, de conquérir une liberté intérieure qui permette de ne pas se laisser prescrire pour autant par le comportement de l'autre la loi de son propre comportement. C'est seulement ainsi que sera possible la paix au milieu d'un monde de non-liberté et de violence. Il en est déjà ainsi dans le domaine de l'« ordre » public. Dans le domaine privé, le paradoxe du dépassement de la violence par la renonciation à la violence ne se pose pas moins nettement. Toute jeune fille, par exemple, a un certain droit à ce que le jeune homme qui l'accompagne la protège, au besoin en se servant de ses poings ou d'une arme. C'est une preuve tacite de virilité de se protéger, de se défendre et même, en fait, de pouvoir conquérir et posséder quelque chose. Des millions d'années d'évolution dans le règne animal ont fondé cette définition du mâle et l'ont déposée dans l'être humain. Celui qui ne s'aligne pas sur une telle définition des rôles de la masculinité est considéré comme un freluquet sans défense. C'est pourquoi la parole de Jésus pourrait peut-être être comprise comme une instruction s'adressant à des faibles, à des inadaptés de la vie. Chez certains êtres humains, l'angoisse n'éclate pas soudainement vers l'extérieur, dans l'attaque. Au contraire, ils recherchent la fuite. De tels hommes, par pure angoisse, sont incapables de se défendre ; ils sont si inhibés et névrosés que l'on peut presque leur souhaiter d'être enfin capables d'abandonner leur peur d'agresser, leurs dépressions, leur mentalité de retraite. Pour de tels hommes la parole de Jésus — « tends-lui aussi la joue droite » — doit agir comme une dangereuse justification de leur inhibition et de leurs faiblesses, à moins qu'elle ne représente une meilleure stratégie de survie du point de vue moral et tactique. Des loups qui se battent se comportent ainsi : l'animal vaincu tourne son artère jugulaire sans défense vers le plus fort et un instinct inné interdit alors au vainqueur de donner la morsure meurtrière. Friedrich Nietzsche a interprété la morale chrétienne dans ce sens : si nous prenions au sérieux les paroles du Sermon sur la montagne, l'éthique du christianisme, selon lui, signifierait une sorte de révolte des esclaves contre les forts, une diffamation des grands et puissants prédateurs humains par les dégénérés, les difformes — ce serait un pur raisonnement de décadence, rien de plus. De fait, Nietzsche a raison en un certain sens : l'abus névrotique du Sermon sur la montagne peut avoir des effets encore plus contre-nature et inhumains que la barbarie habituelle ou le règne animal familier du monde humain. Mais il faut faire remarquer ici que cette règle — « tends-lui aussi l'autre joue » — ne vaut pas grand-chose comme stratégie de survie : les êtres humains sont plus cruels que les loups et ils ne se laissent pas impressionner par une artère jugulaire qui leur est présentée. Ils ont trop d'entendement pour se laisser détourner de leurs résolutions par certains instincts qui les refrènent. Si des êtres humains se donnent des coups, c'est assez souvent et la plupart du temps jusqu'au coup mortel.

Que reste-t-il donc de la parole de Jésus : « à qui te frappe sur une joue, tends-lui aussi l'autre joue » ? Si cette parole doit avoir quelque sens, c'est celui de manifester clairement la force de celui qui n'a pas peur. C'est un comportement tout à fait inhabituel chez les êtres humains. Nous voyons ici particulièrement bien ce qui vaut pour toutes les paroles du Sermon sur la montagne : il ne s'agit pas d'une directive morale ou d'une loi juridique mais de quelque chose qui se développe à partir d'une sécurité que nous trouvons seulement en Dieu ou, en d'autres termes, que nous ne trouverons jamais au milieu de l'arsenal de la terreur.

Une telle libération de la peur devrait mener dans deux directions, si la parole de Jésus doit avoir et garder un sens : la peur devant les autres devrait disparaître et la peur pour soi-même devrait trouver une fin.

Si l'on regarde de près, dans la grande majorité des cas, c'est la peur devant les autres qui nous pousse à faire des choses que nous ne voulons absolument pas faire. À la fin d'une guerre, au milieu des villes incendiées et des régions dévastées, personne n'a finalement voulu ce qui s'est réellement passé. Mais comment les êtres humains se retrouvent-ils toujours par millions comme un troupeau de moutons derrière quelques leaders qui ne les considèrent absolument pas comme des personnes ? Il suffit à un individu de revêtir un uniforme un habit religieux ou pour qu'il puisse ordonner la guerre, bénir les armes, sonner les cloches pour la victoire et recueillir de tous côtés applaudissements et obéissance. C'est pourquoi le premier problème n'est pas tant la question de la non-violence, que la méfiance dégradante envers nous-mêmes et l'indigne disposition à donner raison à n'importe qui plutôt que de suivre notre propre pensée et nos propres sentiments. Certes, les soixante gravures à l'eau-forte du peintre espagnol Francesco Goya sur la guerre — qu'il a dessinées peu avant la manifestation soudaine de sa psychose — peuvent être exposées à Madrid, au Prado, comme des œuvres d'art. Mais ce que Goya voulait dire avec ces images, c'était un appel désespéré à la vérité et à l'évidence de ce que voient nos propres yeux; il voulait formellement nous forcer à voir en face que l'horreur est une horreur, la barbarie une barbarie et l'inhumanité l'inhumanité. *Les Désastres de la guerre,* comme il a intitulé sa série de dessins, ne sont rien d'autre que des monstruosités et des atrocités, jamais des devoirs et des nécessités. C'est pourquoi il importe avant tout que nous apprenions à cesser d'approuver et d'obéir comme des moutons et que nous croyions enfin que notre tête à raison avec ses treize milliards de cellules nerveuses bien interconnectées lorsqu'elle appelle tout simplement « folie » le meurtre, la destruction, la cruauté et la violence sous quelque forme que ce soit et qu'elle se défend de falsifier dialectiquement tous les concepts de bien et de mal — de telle sorte que nous nous pensons finalement coupables de n'avoir pas assez assassiné et pas assez profondément « vaincu » pour la « juste » cause. En fait, il s'agit d'accorder foi aux mouvements de notre propre cœur qui se crispe, se refuse à l'idée de « causes » qui seraient si élevées qu'elles rendraient inévitables certains moyens, et qui se rétracte devant des devoirs qui imposeraient à leur tour certaines causes. Tout au contraire nous devons tenir Wolfgang Borchert pour un juste interprète de cette parole de Jésus, lorsqu'il rédige en 1947 sur son lit de mort son manifeste ou testament à l'humanité : « Toi, homme à l'établi, s'ils te commandent de fabriquer des armes et des casques d'acier au lieu de marmites et de conduits, dis non. Toi, mère, s'ils te commandent de mettre au monde des enfants, des filles pour les hôpitaux et des garçons pour de nouvelles batailles, dis non. Toi, pasteur dans la chaire, s'ils te commandent de bénir la guerre et de déclarer saint le meurtre, dis non. » Le courage de refuser la violence imposée par ordre est le premier pas qu'il faut poser pour tenir la vie publique hors de la violence. C'est pourquoi l'Église catholique devrait d'abord mettre fin à sa morale à double fond, qui interdit à ses clercs d'être « volontaires pour l'armée, sans la permission de leur Ordinaire » (Droit canon, n° 289, § 1), parce que « le service militaire ne convient guère à l'état clérical ». Le service militaire ne « convient » à aucun croyant, il est en contradiction déclarée avec le Sermon sur la montagne. Nous ne pouvons pas dire que soit « convenable » pour les prétendus « laïcs » ce qu'il faut, à juste titre, considérer comme « non convenable » pour les clercs et les religieux. Parler de « guère convenable », face au caractère pressant et sans compromis du langage de Jésus dans le Sermon sur la montagne, relève déjà en soi d'une phraséologie absurde.

Dans la vie privée, naturellement, il convient de parler davantage à voix basse. Il s'agit là moins de la peur devant d'autres que de la peur par rapport à soi et c'est bien le problème. Un mari fait des reproches à sa femme : « tu reviens toujours trop tard à la maison », ou bien : « où étais-tu encore ? » ou quelque chose de semblable.

À supposer que la femme ait réellement quelque chose à cacher, elle doit se sentir profondément affectée par de tels reproches ; elle doit reconnaître que la remarque de son mari est bien vue, qu'elle vise juste et elle doit se défendre. Chose curieuse, elle doit se défendre justement parce qu'elle n'est pas complètement innocente, au moins en un certain sens. Mais elle peut renoncer à riposter si le coup donné par son mari a tout simplement porté à côté. Elle peut alors faire abstraction de sa propre personne pour être capable d'entendre ce que son mari veut réellement dire par son agression. Peut-être veut-il dire seulement : « j'aimerais bien que nous puissions passer ensemble une vraie soirée » ; ou bien ; « je t'ai tellement attendue », ou encore : « je me fais du souci pour toi » ou quelque chose de semblable. En ce cas les agressions exprimées seraient en fait des déclarations d'amour déguisées. Nous devrions percevoir derrière le « coup » un mouvement exagéré de tendresse — par peur ou déception — et il n'y aurait plus « d'échange de coups ». Nous serions à l'instant dans la vérité et toute querelle serait une absurdité ; nous n'aurions pas besoin de nous défendre, précisément parce que nous n'aurions rien à « défendre ».

Nous pourrions même contraindre l'autre à « annoncer lui-même la couleur ». Souvent, lorsque des êtres humains donnent des coups autour d'eux, ils frappent réellement la joue « droite » — c'est-à-dire qu'ils frappent avec la main « gauche », de façon impulsive et irréfléchie, comme inconsciemment et sans l'avoir voulu. La pause durant laquelle nous ne ripostons pas — cet instant d'attente, de non-agir au sens taoïste — contraint pourtant l'autre à réfléchir pour savoir s'il veut réellement donner un sens à ce qu'il a peut-être fait sans intervention particulière. D'une certaine manière, c'est en ceci que consiste une règle importante de la psychothérapie : plus les reproches, les offenses, les sous-entendus et les « coups » d'un autre sont injustes, plus il est absurde et déplacé de se justifier, de se défendre et de réfuter l'autre avec des arguments « rationnels ». Si ce que dit ou fait l'autre ne justifie pas les coups qu'il nous donne, nous devons faire abstraction de nous-même et nous demander d'autant plus ce qui se passe en lui pour qu'il se conduise ainsi. La plupart du temps, nous constaterons que le comportement de l'autre ne se rapporte absolument pas à notre propre personne, mais découle de souvenirs antérieurs. Nous remarquerons même que les « coups » que l'on reçoit maintenant de lui ressemblent presque à une déclaration d'amour et à une grande preuve de confiance — il ressent des sentiments d'inclination, d'angoisse, d'espérance, de déception tout à fait comme autrefois dans les relations entre sa propre mère et son propre père. Il est d'autant plus important maintenant de laisser s'exprimer ces sentiments dans toute leur contradiction, de ne pas les combattre, mais de les analyser en essayant de les comprendre. Dans *L'Idiot,* le plus profond portrait du Christ que l'on puisse trouver dans la littérature mondiale, on lit ces réflexions de Dostoïevski : « la douceur est une effroyable violence ». Et : « Sa puissance [celle de l'Idiot, du Christ] consiste en ceci qu'il force chacun à choisir entre le bien et le mal ».

Il est des paroles qui ont la douceur du Fœhn et la force de destruction d'un typhon. Pour celui qui les entend, il ne reste plus pierre sur pierre dans ce monde d'évidences meurtrières. La parole de douceur — « qui te frappe sur la joue droite… » — est une de ces paroles qui bouleverse tout. Avec elle, nous pouvons sortir du ghetto de la peur. Grâce à elle, il peut se produire tout autre chose que ce qui paraissait jusqu'ici inévitable. Et les grandes religions ont à faire ici entre elles un

« travail d'apaisement » particulièrement grand. Le Coran a de nouveau raison quand il dit : « L'action bonne n'est pas semblable à la mauvaise. Repousse celle-ci par ce qu'il y a de meilleur : celui qu'une inimitié séparait de toi deviendra alors pour toi un ami chaleureux » (sourate XL, 34). Citer de telles paroles encore et encore est nécessaire et utile, ne serait-ce que pour écarter l'illusion de l'excellence particulière et unique de la doctrine chrétienne et faire place à un réel dialogue entre les différentes formes de religion. « Répondre au mal par le bien, donner en aumône une partie des biens que nous [Allah] leur avions accordés » (sourate XXVIII, 54) — de telles instructions sont aussi bien « islamiques » que « chrétiennes », aussi bien « humaines » que « divines » et c'est pourquoi elles appartiennent à l'humanité.

Toute violence n'est rien que détresse éperdue.

Comment vient-on à bout des conflits dans la vie privée comme dans la vie publique ? L'opinion du Sermon sur la montagne à ce sujet est sans ambiguïté : on ne résout pas un conflit en acceptant et en reproduisant ses causes. Dans le contexte des règles du jeu de l'agression, de la violence et de l'égoïsme, il se peut que nous sortions victorieux d'un conflit, mais nous ne ferons que le reprendre en nous-même car il continue de subsister. C'est la raison pour laquelle, bien que victorieux, nous apparaissons aux yeux des vaincus comme l'exacerbation momentanée et le résumé des conflits en cours. Celui qui veut vaincre un conflit doit précisément ne pas vouloir y être victorieux. Il doit modifier toute la manière de réagir en cessant de réagir seulement au mal et de se laisser imposer le sujet et la forme de la querelle. Il doit trouver un point de vue extérieur au conflit. Et ce point de vue, pour Jésus, c'est Dieu.

Tout le passage de Matthieu 5, 38-42 traite du dépassement du mal par le bien et la proposition s'énonce ici point par point : supprimer les tensions par la prévenance — non pas par l'escalade mais par la désescalade —, chercher à comprendre l'autre au lieu de l'attaquer. Même dans l'agencement formel des paroles de Jésus, règne ici le principe de la modération et de l'effort pour désamorcer les tensions : Ne pas réagir au mal par une agression ? Cela vient d'être essayé dans le cas d'une attaque franche (Mt 5, 39 : « qui te frappe sur la joue droite… ») ; maintenant il s'agit d'un conflit qui doit être réglé avant d'engager un procès devant un tribunal (Mt 5, 40) ; ensuite Jésus prend comme exemple une situation de contrainte (Mt 5, 41) et il termine avec le cas d'un simple et lamentable aveu de culpabilité (Mt 5, 47). Tout se passe comme si le passage entier, par son agencement formel déjà, avait pour but de distinguer toutes les formes de « mal » et d'injustice de la voie de fait directe et, en passant par les différentes étapes intermédiaires, de les « réduire » littéralement à un seul moment. Si nous sommes suffisamment attentifs, nous le voyons apparaître derrière toutes les formes d'agression et de violence. Il s'agit d'une manière désarmée de demander quelque chose dont on a un besoin urgent pour vivre.

Depuis que les êtres humains réfléchissent, ils ont cherché d'autres solutions, qui n'ont manifestement pas beaucoup contribué à satisfaire l'humanité. Les hommes ont cherché, à l'aide de lois et avec l'engagement de la puissance publique, à prêter une forme ordonnée à l'agressivité humaine et à limiter sur le terrain du droit l'égoïsme de l'un par rapport à l'égoïsme de l'autre. De cette façon, nous sommes arrivés au monopole de l'État en matière de violence de sorte que, finalement, l'agressivité n'a aucunement disparu de ce monde : elle a été seulement condensée dans des unités toujours plus grandes. Dans la mesure du possible, l'État s'est efforcé de procurer tranquillité et ordre à ses citoyens, ce qui lui a permis en même temps — grâce à des masses de personnes toujours plus grandes, et à l'aide de moyens d'anéantissement toujours plus effrayants —, de perpétrer des meurtres contre les êtres humains et les animaux en quantités toujours plus effroyables. Le problème de l'agressivité humaine ne pouvait naturellement pas être résolu dans ces conditions ; il a simplement grandi au fur et à mesure, durant les derniers huit mille ans, repoussé, tel un gigantesque amas d'éboulis par un bulldozer géant, à la périphérie de nos propres frontières étatiques et de nos systèmes d'alliance. Non pas sauver l'être humain, mais l'administrer et composer avec le mal, tel a été et tel est toujours le but de cette raison « pragmatique ». Aujourd'hui du moins — du fait des retombées globales, directes ou indirectes, de toutes les fautes que nous commettons —, nous commençons à pressentir combien nous avons été coupables de laisser passer autant de temps sans répondre aux questions réelles de l'histoire humaine. Entre-temps, nous sommes définitivement arrivés au bout de notre sagesse « pragmatique » et nous n'avons plus que deux ou trois décennies à notre disposition pour résoudre des questions aussi importantes que la guerre ou la paix, la destruction ou la conservation de l'environnement, la faim et la misère de plus en plus grande dans certaines parties de la planète ou la création d'une solidarité internationale. En d'autres termes, les instructions du Sermon sur la montagne n'ont jamais été aussi pressantes, ni aussi clairement identifiables comme l'unique choix devant le monde dévastateur de la prétendue *Realpolitik*.

« Œil pour œil, dent pour dent » — telle est la législation d'Hammurapi, c'est-à-dire de l'Orient ancien et de l'Ancien Testament. Mais nous ne pouvons ni ne devons continuer ainsi, disait déjà Jésus il y a deux mille ans. Nous ne devons pas présenter comme la volonté de Dieu le fait que les êtres humains continuent à s'entre-déchirer en revendiquant le droit pour eux et en se transformant ainsi en prédateurs pensants. Certes, nous objectons tout de suite : qui a envie de renoncer à son droit et qu'en sera-t-il de la dignité de l'être humain si celle-ci s'effondre à cause de sa faiblesse et de son impuissance ? Beaucoup trop d'êtres humains ont simplement capitulé en jouant perdant dans un conflit juridique — comme une femme mariée devant le juge ordonnant le divorce : ils se sont résignés et sont repartis aigris ! En revanche, ce que Jésus demande n'est pas que nous fléchissions par faiblesse, manque de force et lâcheté, mais que nous cédions par conviction et force intérieure. Certes, tous ceux qui sont devenus vieux et dont les yeux sont devenus faibles expliqueront à la jeunesse d'une voix morne : « ne combattez pas pour obtenir rigoureusement ce que vous attendez de vos justes revendications : non pas œil pour œil, n'y regardez pas de trop près, ne cherchez pas midi à quatorze heures » — telle est la sagesse de la vieillesse. Mais la jeunesse veut en avoir le cœur net, exactement et précisément. Jésus voudrait que nous choisissions les yeux grands ouverts, avec un idéalisme brûlant et juvénile, la détente et la souplesse plutôt que la guerre et le juridisme.

Régulièrement, dès que nous confrontons le message du Sermon sur la montagne avec les données et les événements contemporains, pour les commenter, nous éveillons l'opposition de ceux qui défendent une autre opinion pour des raisons politiques. Ils qualifient volontiers de court-circuit le fait d'appliquer les paroles de Jésus à la transformation du monde ; ils en appellent volontiers aux lois propres des sous-systèmes étatiques : l'économie, l'armée, le pouvoir en politique intérieure et extérieure. Il n'y aurait, disent-ils, aucun savoir chrétien particulier et privilégié pour résoudre des questions concrètes au milieu d'un monde sécularisé et pluraliste. Il y a là naturellement quelque chose de vrai. Il ne convient pas qu'un petit groupe prescrive à tous les autres citoyens d'un même État ce qu'ils ont à faire ou à éviter. À l'opposé, ce serait une grave faute de vouloir prolonger l'Église dans l'État, comme le veulent les fondamentalistes. Pourtant, en tenant compte de cette réserve et en considérant la renonciation de Jésus au pouvoir et à la violence, nous ne devons pas conclure, comme on l'a fait dans le christianisme, que l'usage du pouvoir, de la violence, du droit et de la loi est quelque chose de neutre que l'on peut ou que l'on a le droit de laisser tout simplement suivre son cours. Tout mais pas cela ! Nous ne pouvons comprendre ce que Jésus voulait qu'en rompant une fois pour toutes le cours d'une pensée politique engagée dans la voie des intérêts du peuple et des égoïsmes nationaux. Il ne s'agit pas pour autant de se retirer hors des questions du « monde », dans une enclave monacale d'irresponsabilité. Il s'agit plutôt, à partir d'une confiance nouvellement acquise, d'aborder encore une fois les mêmes questions et de les mener à une solution qui paraissait jusqu'alors, dans le ghetto de l'angoisse, complètement utopique. Pour cela, il faut faire preuve de beaucoup d'imagination et de créativité, ce dont justement on ne pouvait avoir la moindre idée dans le schéma traditionnel — pas plus que s'il s'était agi de comprendre le sens du cheval de Troie. Il ne s'agit pas d'opposer une « politique » à une autre politique, mais de donner à l'ensemble de la vie humaine, y compris dans ses dimensions économiques et politiques, une nouvelle configuration religieuse.

À l'époque de la lutte de libération des Grecs contre l'emprise des Turcs en Crète et dans de larges parties des Balkans, un homme a très profondément éprouvé en sa chair le problème de la violence et du droit. C'est le chercheur de Dieu, poète et homme politique, Nikos Kazantzakis. Dans son roman *Alexis Zorba,* il laisse son héros se demander d'un ton désespéré : « Quand est-ce que l'homme deviendra vraiment un homme ? On se met des pantalons, des faux cols, des chapeaux mais on est encore des mulets, des loups, des renards, des cochons. On est, paraît-il, à l'image de Dieu ! Qui ? Nous ? Quelle blague ! » Et Zorba raconte une histoire du temps où il était en Bulgarie comme combattant grec de la liberté :

« Un jour, entre chien et loup, je débouche dans un village bulgare et je me cache dans une étable, dans la maison même du pope bulgare qui était lui-même un féroce *comitadji,* une bête sanguinaire. La nuit, il enlevait sa soutane, mettait des habits de berger, prenait ses armes et pénétrait dans les villages grecs. Le matin, il s'en revenait avant le jour, dégoulinant de boue et de sang, et il allait dire la messe. Quelques jours avant mon arrivée, il avait tué un maître d'école grec dans son lit, pendant son sommeil. Donc, moi, j'entre dans l'étable du pope, je me couche le dos sur le fumier, derrière les deux bœufs et j'attends. Vers le soir, voilà mon pope qui entre pour donner à manger à ses bêtes. Alors, je me jette sur lui, je te l'égorge comme un mouton, je lui coupe les oreilles et je les mets dans ma poche. Je faisais collection d'oreilles bulgares, tu comprends ; alors, je prends les oreilles du pope et je me tire.

« Quelques jours plus tard, je regagne le même village, en plein midi, en me faisant passer pour un colporteur. J'avais laissé mes armes dans la montagne et j'étais descendu acheter du pain, du sel et des souliers pour les camarades. Devant une maison, je vois cinq petits gosses tout en noir, pieds nus, qui se tenaient par la main et qui mendiaient. Trois filles et deux garçons. Le plus grand ne devait pas avoir plus de dix ans, le plus petit était encore un bébé. L'aînée des filles le portait dans ses bras et elle l'embrassait et le caressait pour l'empêcher de pleurer. Je ne sais pas comment, sans doute une inspiration divine, l'idée m'est venue de m'approcher d'eux :

« "Vous êtes les enfants de qui, petits ?" je leur demande en bulgare.

« Le plus grand des garçons lève sa petite tête : "Du pope qu'on a égorgé l'autre jour dans l'étable", qu'il me répond.

« Les larmes m'en sont venues aux yeux. La terre s'est mise à tourner comme une meule de moulin. Je me suis appuyé au mur et elle s'est arrêtée. "Approchez, les enfants, que je dis, venez près de moi."

« Je sors ma bourse de ma ceinture ; elle était pleine de livres turques et de medjidiés. Je me mets à genoux et je la vide par terre. "Là, prenez, que je crie, prenez ! prenez !"

« Les enfants se jettent par terre et se mettent à ramasser livres et medjidiés. "C'est pour vous, c'est pour vous ! que je criais, prenez tout !"

« Et puis je leur laisse mon panier avec mes bricoles : "Tout ça aussi, c'est pour vous, prenez !"

« Et aussitôt je prends mes cliques et mes claques. Je sors du village, j'ouvre ma chemise, j'arrache la sainte Sophie que j'avais brodée, je la déchire, je la fiche en l'air et prends mes jambes à mon cou.

« Et je cours encore... »

Zorba s'appuya au mur et se retourna vers moi : « Comme ça j'ai été délivré, dit-il.

— Délivré de la patrie ?

— Oui, de la patrie », répondit-il d'une voix ferme et calme.

Puis au bout d'un moment : « Délivré de la patrie, délivré des popes, délivré de l'argent. Je passe au crible. Plus ça va, plus je passe au crible. Je me déteste. Comment te dire ? Je me libère, je deviens un homme. »

Les yeux de Zorba brillaient, sa large bouche riait de satisfaction. Après être resté un moment silencieux il recommença. Son cœur débordait, il ne pouvait le commander : « Il fut un temps où je disais : celui-là c'est un Turc, un Bulgare, celui-ci un Grec. J'ai fait, moi, pour la patrie, des choses qui te feraient dresser les cheveux sur la tête, patron. J'ai égorgé, volé, brûlé des villages, violé des femmes, exterminé des familles. Pourquoi ? Sous prétexte que c'étaient des Bulgares, des Turcs. Pouah ! va-t'en au diable, salaud, que je me dis souvent en moi-même en m'engueulant. Va-t'en au diable, imbécile ! Maintenant voilà ce que je me dis : celui-ci, c'est un brave homme, celui-là un sale type. Il peut bien être Bulgare ou Grec, je ne fais pas de différence. Il est bon ? Il est mauvais ? C'est tout ce que je demande aujourd'hui. Et même ça, maintenant que je vieillis, je te le jure sur le pain que je mange, il me semble que je vais commencer à ne plus le demander. Mon vieux, qu'ils soient bons ou mauvais, je les plains tous. Quand je vois un homme, même si je fais celui qui s'en fout, ça me prend aux tripes. Voilà, que je me dis, ce malheureux aussi mange, boit, aime, a peur ; lui aussi il a son Dieu et son diable, lui aussi passera l'arme à gauche et se couchera tout raide sous la terre et sera bouffé par les vers. Eh, le pauvre ! On est tous frères. Tous de la viande pour les vers !

« Et si c'est une femme, ah ! alors, je t'assure, ça me donne envie de chialer. Ta seigneurie me turlupine à chaque instant en me disant que j'aime les femmes. Comment veux-tu que je ne les aime pas, mon vieux ? Ce sont des créatures faibles, qui ne savent pas ce qu'elles font et qui se donnent sans résistance pour peu que tu leur attrapes un sein*. »

* Nikos KAZANTZAKI, *Alexis Zorba,* Paris, Presses Pocket, 1990, p. 253-256.

Vraisemblablement cette façon de penser « sauvage », anarchique, apatride, « immorale » d'Alexis Zorba est bien plus proche de la façon dont Jésus se représentait l'humanisation de l'être humain que tous les idéaux chrétiens de vertu que l'on a distillés à partir du message de l'homme de Nazareth à grand renfort spirituel et politique. De combien de frontières artificielles entre les êtres humains, dans les différences entre classes sociales, dans le peuple, dans l'État, entre les sexes et dans la manière de vivre devons nous nous déshabituer, pour croire enfin en un Dieu, tel que Jésus le dépeint, « qui fait lever son soleil sur les méchants et sur les bons, et tomber la pluie sur les justes et les injustes » (Mt 5, 45) ? Mais combien aussi de force juvénile un être humain doit-il conserver en lui pour faire sienne une telle bonté qui rejette tous les cloisonnements ou s'ouvre à toutes les revendications du droit ? Selon Jésus, on devrait enfin cesser définitivement de tenir l'humanité et la bonté pour de la faiblesse ou du ressentiment. Une telle force de désillusionnement et une telle absence de préjugés devraient faire jaillir une énergie et une tonicité qui montreraient une fois pour toutes le principe « œil pour œil, dent pour dent », comme aussi ridicule et insensé qu'il l'est en réalité.

Pour le comprendre, parcourons en détail les exemples donnés par Jésus. Voilà que quelqu'un intente une action contre toi pour avoir ta tunique ; il veut te traduire en justice. Et naturellement, tu peux dire : « Ici je dois me défendre ; pourquoi y a-t-il un droit ! Je dois bien empêcher que la loi soit l'occasion d'un abus et qu'elle soit détournée en vue de causer un tort. Le droit est le droit et s'il y a des lois c'est pour que je m'en serve. » Telle est la manière de faire habituelle. Par principe, nous sommes déjà obligés de nous engager dans un procès. Or un procès signifie, jusqu'à aujourd'hui, établir selon le parti pris des divers égoïsmes un compromis qui devra être considéré comme vérité et sagesse, comme décision de l'ordre universel, voire comme expression de la volonté du Très-Haut. Quelle comédie ! semble avoir pensé Jésus ! Dieu comme incarnation de l'égoïsme social, comme échevin et huissier en chef — c'est ainsi que tout tourne mal. Dieu, c'est une force en tout ce qui vit, c'est le lien vivant entre toutes choses. Dieu, ce n'est justement pas la délimitation et l'opposition, mais l'élargissement et la communion. Comme le monde serait autre, si nous changions tout simplement notre regard comme Jésus l'entend ! Nous ne demanderions pas : « que veut l'autre ? » et : « comment puis-je me protéger contre cela ? » mais : « pourquoi l'autre veut-il ceci et cela de moi ? » et : « comment puis-je l'aider à obtenir ce dont il a besoin ? » Il veut ma chemise ? Il a certainement très froid et il gèle. Il est vraisemblablement très seul et il n'a jamais appris à demander quelque chose. Peut-être emprunte-t-il le chemin du tribunal parce qu'il n'a encore jamais fait l'expérience de recevoir de plein gré quelque chose de quelqu'un — un cadeau. Tous les « moyens juridiques » ne changent pourtant rien aux problèmes fondamentaux de tous les êtres humains : à l'absence de grâce fondamentale du monde en dehors de l'Éden. L'important serait justement, plutôt que de penser en catégories juridiques, de faire confiance à une liberté faite de bonté et qui permet de laisser se « dégeler » sous forme de demandes des exigences qui se sont gelées et de répondre ainsi aux besoins humains tout simples. Nous verrons ainsi très souvent que l'autre — même quand il exige quelque chose et qu'il veut imposer sa demande par la force du droit —, a en réalité besoin de beaucoup plus que ce qu'il obtiendra jamais par cette voie. Le « droit » est une couverture toujours trop courte pour réchauffer un être humain. Pour que l'autre ait vraiment « chaud », il aurait vraisemblablement besoin non seulement d'une chemise, mais aussi d'un manteau. Donne-le-lui de toi-même, sans avoir été prié, propose Jésus. « Mais alors j'aurai moi-même froid », rétorqueras-tu. Non, justement pas, telle est toute l'assurance de Jésus. Le manteau, dont tu fais cadeau à l'autre, vous réchauffera ensemble ; car ce que tu donnes à l'autre de toi-même est comme une tente, qui s'étend sur vous pour vous servir à tous deux de demeure. Celui qui donne ne perd pas — Jésus a toujours donné l'exemple de cette expérience ; celui qui donne transforme le monde et lui-même y vit plus facilement. Il n'y a aucun danger que nous ayons froid si nous réchauffons l'autre. Car l'amour est comme un rayon de soleil : là où il se lève, il réchauffe tout le monde, sans frontière ni différence.

On ne peut pas reprocher à Jésus d'avoir esquivé les questions concrètes. À son époque, tous les thèmes du Sermon sur la montagne sur le rapport à l'agression et à la violence, l'hostilité et la dispute, étaient associés sans le moindre doute à la haine des orthodoxes et des nationalistes contre les Romains, qui étaient l'ennemi absolu. Ils étaient l'incarnation de toute injustice. Ils étaient l'exploitation, le paganisme, l'impiété, la violence ; ils approuvaient tout ce à quoi s'opposaient Dieu et le peuple des juifs. C'est pourquoi toute parole de la bouche du Jésus historique doit se laisser mesurer à la question : « Et qu'est-ce que cela veut dire dans la lutte avec les Romains ? Ils ne se soucient d'aucune loi. Ils ne reconnaissent pas le Dieu des Pères. Ils pillent, tuent, volent, violent, incendient, conduisent en prison et en esclavage, dévastent des villages, des champs et des contrées, ils sont pire que les sauterelles et, en fin de compte, ils sont encore là et affirment être dans le droit. Le comble est qu'ils revendiquent même pour eux une meilleure formation, une culture plus riche, une civilisation et une technique plus aptes à s'imposer. Et, de fait, ils ont de meilleures armes, de meilleures armées, une administration plus efficace. À leurs côtés, d'après eux, se tiennent constamment des dieux plus habiles et plus forts. S'il te plaît, maître, dis-nous ce que nous devons faire contre les Romains ? Aussi longtemps que tu ne réponds pas à cette question, toutes tes paroles restent suspendues en l'air comme un nuage qui ne veut pas pleuvoir. »

Ce que Jésus fait en premier est typique de l'attitude de l'homme de Nazareth : il ne pense pas en principes moralistes, il représente des scènes déterminées ; il ne décrète aucune norme morale, il projette des modèles concrets de comportement. Une situation dans laquelle on rencontre « le » Romain peut consister en ceci : un de ces ennemis du peuple — un de ces impies — va vers quelqu'un et, la lance pointée contre lui, le force à l'accompagner un bout de chemin — c'est-à-dire à porter son paquetage et à lui indiquer la direction. La réaction « normale » à une exigence aussi impudente sera faite de colère et d'amertume : comment nous, les juifs, sommes-nous les ânes et les chiens des Romains ? Comment ces étrangers en viennent-ils à occuper un pays qui ne leur appartient pas et à pressurer la population pour la forcer à accomplir des corvées ? Il se peut que nous devions nous plier à leur diktat, mais seulement en leur faisant sentir l'injustice qu'ils commettent. Cette réaction est commandée directement par le sentiment personnel de l'honneur. Ce que Jésus voudrait, au contraire, c'est que nous nous comportions à l'exact opposé de cette manière « normale ». Lui aussi est on ne peut plus étranger à cet esprit de soumission servile. Mais, semble-t-il dire, pourquoi donc se sentir inférieur lorsqu'un être humain nous force à l'aider ? Il nous force — oui — et il n'a aucun droit de le faire, c'est vrai ; pourtant il ne nous forcerait pas s'il pouvait seulement croire qu'on l'aiderait de notre plein gré. Il nous force à lui fournir l'aide dont il a besoin, parce qu'il doit penser d'emblée qu'un langage moins fort que la menace et la violence n'aurait aucun effet — il ne provoquerait que mépris ou moquerie. Plus précisément : le langage de la contrainte est nécessaire seulement dans le champ de la violence et ce langage n'est pas contredit mais bien renforcé par la manifestation de haine ou de résistance. Si, doit penser l'autre, on ne me suit pas lorsque je lève ma lance ou sors mon épée, qu'est-ce que j'obtiendrai si je montre de la faiblesse et m'embarrasse de sollicitations ? En d'autres termes : tu seras confronté au langage de la violence aussi longtemps que l'autre ne croira pas que tu pourrais faire quelque chose de ton plein gré. Tu tiens pour une injustice que l'on veuille te forcer à faire quelque chose que tu n'aimerais pas faire ; pourtant la vraie injustice à ton égard, c'est que l'on pense n'obtenir rien de bon de toi sans employer la violence. Tu peux cependant réfuter rapidement cette injustice, en te préoccupant, rien qu'une fois, de ce dont l'autre a réellement besoin. Il te contraint à faire un mille avec lui ; il n'ose pas exiger davantage pour ne pas te provoquer tout à fait à la résistance. Il est certain que ce n'est là que la moitié de ce qu'il voudrait réellement. Double en toute tranquillité la mise à laquelle il veut te contraindre et accorde-la-lui de toi-même, volontairement. Tu verras : pour une fois il n'y aura plus ni Romains ni Juifs ; il n'y aura plus que toi et l'autre, deux êtres humains ensemble sur le chemin, comme deux égaux, comme frères. Lorsque tu donnes volontairement ce dont l'autre a besoin, tu n'as été ni exploité ni humilié ; tu conserves au contraire ta dignité ; tu conquiers une position qui se situe au-delà du déchirement politique des nations ; tu agis tout simplement comme un homme face à un autre homme. Ainsi entres-tu dans le véritable royaume de Dieu ; ainsi abandonnes-tu les frontières mesquines de la pensée nationaliste opposant « ami » et « ennemi » ; c'est ainsi qu'un morceau de la paix de Dieu descend par toi sur les hommes.

La largesse d'esprit, qui s'exprime dans une telle attitude, montre aussi sa grandeur dans le fait, par exemple, qu'elle est capable de transformer une situation particulière et isolée en un modèle valable pour tous les temps. Ce qui s'adressait bien, en un certain sens, à la rencontre entre Juifs et Romains à l'époque de Jésus s'étend à une image extraordinairement dense des relations quotidiennes entre les uns et les autres. Lequel d'entre nous peut demander quelque chose de réellement important à quelqu'un ? Pour une chose secondaire, un homme pourra demander un service à sa femme : « Peux-tu me coudre un bouton ? » Ou bien : « Peux-tu me procurer ceci ou cela en ville ? » Ce sont des souhaits dont nous pouvons encore faire part à l'autre. Mais qui pourra dire : « j'ai besoin de toi », ou : « Aide-moi, car je n'en peux vraiment plus », ou bien : « tu dois mettre la main à la pâte, car tout est trop dur pour moi en ce moment » ? Dans les affaires réellement importantes, nous avons appris qu'il est honteux de contraindre l'autre ; si quelqu'un n'y arrive pas tout seul, c'est un raté et il expose ainsi ses points faibles à des adversaires qui les exploitent aussitôt.

Il en est d'ailleurs de même de l'autre côté : qui voudra être à la charge de quelqu'un d'autre ? N'est-ce pas une règle de décence que de ne pas importuner les autres avec nos propres ennuis ? Si, pourtant, quelqu'un a besoin de quelqu'un d'autre, il sera enclin à déguiser sa véritable détresse ; il cherchera, autant que possible, à la présenter comme moindre et, de façon plus décisive, il tendra à transformer sa demande primitive sous la forme d'une exigence objective, un « tu dois ». Car ainsi seulement il n'apparaît pas comme un raté ; le sentiment de honte lui est épargné et il peut espérer être entendu. Toutefois, en agissant ainsi, il se ferme à tout. L'autre va en effet se défendre contre le ton de commandement et de reproche ; ce qu'il aurait peut-être fait très volontiers, si on l'en prie, il le refusera, si on le lui commande. Ainsi se disloque la communauté des hommes ; la solidarité qui unit détresse et aide donne alors naissance à la lutte pour la reconnaissance et le pouvoir de celui qui est fondamentalement plus faible et qui a vraiment besoin d'aide. À la lutte constante de tous contre tous, il n'y a réellement pas d'autre issue que de regarder derrière la façade de la contrainte et de la violence et de redécouvrir l'impuissance originelle ainsi que la dépendance du prétendu maître par rapport à son esclave. Si quelqu'un te contraint, semble vouloir dire Jésus, n'entend pas le langage de la contrainte, mais sois attentif avant tout à la détresse de l'autre. S'il veut te frapper, vois d'abord comment sa main tremble avant qu'elle ne se referme en coup de poing ; lorsqu'il te réquisitionne pour l'accompagner sur son chemin pense que son chemin est encore beaucoup plus long qu'il ne te le dit ; et lorsqu'il te combat pour quelque chose que tu possèdes, demande-toi pourquoi il croit en avoir un besoin si urgent pour lui-même. Toute violence n'est que détresse éperdue.

C'est de nouveau par la psychanalyse que l'on peut le mieux expliquer la conséquence en ce qui nous concerne des paroles apparemment si paradoxales de Jésus dans le Sermon sur la montagne. Que de fois lorsque quelqu'un vient et demande à nous parler « juste une fois » pour « quelques minutes », nous pouvons tranquillement nous asseoir et penser que l'autre mettra vraisemblablement des années avant de pouvoir un tant soit peu exprimer et aborder ses conflits ! L'urgence de la demande et la « modestie » de son exigence montrent le plus souvent avec insistance qu'il vaudrait mieux multiplier largement par deux ce que l'autre demande en réalité et, ensuite, se déclarer disponible. Sinon, tous les conflits ne font qu'empirer et se renforcent dans une discussion sans fin et stupide pour savoir qui aura le dernier mot. La psychothérapie ne nous préconise d'ailleurs rien d'autre que de suivre à la lettre l'instruction de Jésus à ce propos : se faire tout simplement le compagnon de l'autre, s'adapter autant que possible à son pas et à sa recherche, ne rien lui imposer, rester simplement à ses côtés et ne pas le laisser seul lorsqu'il fait sombre ; et enfin avoir confiance dans le fait que l'autre connaît déjà l'endroit où il se sentira chez lui et l'accompagner jusque-là. C'est tout. Et ce qui autrefois était considéré comme « romain » — c'est-à-dire étrange, bigot, contraint et violent — nous devient plus familier et s'humanise.

Il en est de même dans tous les domaines et cela devient en outre de plus en plus simple. Cependant il est parfois difficile de répondre adéquatement à l'invitation pressante d'un autre, bien que cette demande laisse habituellement assez de latitude. Chaque demande réelle est comme un serment déclaratoire par nécessité — et par confiance. Qui repousse une demande expresse renvoie l'autre dans les limites du sentiment de honte qu'il voulait précisément surmonter. Une demande est toujours comme un présent. Aucune culture ne le sait mieux que la culture indienne. De toute antiquité, elle enseigne aux mendiants à sourire et elle apprend à ceux qui donnent à les remercier car les mendiants sont les véritables « bienfaiteurs ». Toute demande enrichit du don de la confiance et c'est un art particulier que de s'en montrer digne. Aider sans humilier, prêter assistance sans rendre dépendant, donner de manière à ce que l'autre se redresse au lieu d'être découragé, prêter si possible sans réduire l'autre à l'état de « débiteur » — cela suppose un mélange extrêmement délicat de proximité et de distance, de responsabilité et de respect, d'engagement et d'empathie. Alors, nous respirons réellement quelque chose du doux souffle de Dieu. Nous remarquons très vite que satisfaire à la demande d'un autre ne signifie pas du tout complaisance et manque de volonté. Il s'agit souvent de comprendre ce que l'autre veut réellement : peut-être s'attache-t-il obstinément à un souhait déterminé — comme celui qui se noie s'accroche à un fétu de paille qui ne l'aide en rien, car ce qui l'aiderait ce serait d'apprendre à nager. Il n'est pas rare qu'un individu désire une chose qui n'exprime que symboliquement ce que l'on pense de lui. Or, si nous confondons le symbole avec le contenu réel d'une demande, nous risquons de provoquer une catastrophe. Parfois, un désir est très exacerbé parce qu'il entre dans le contexte des besoins archaïques de l'enfance. C'est pourquoi il semble nécessaire de « faire deux milles avec lui » entre le désir exprimé par l'individu et ce qu'il désire réellement. La meilleure façon de satisfaire à une demande consiste parfois à aider l'autre à faire la clarté sur lui-même. Et pourtant l'instruction de Jésus est bien l'alpha et l'oméga en tout : aller avec et accompagner, ne pas repousser, ne pas « réagir », mais se mettre soi-même à la place de l'autre dans la force de sa propre confiance, donner prise à l'autre et, ensemble, s'immerger dans la sphère de Dieu dont vivent tous les hommes. « Donne à celui qui te demande. » Nous devrions ajouter au sens voulu par Jésus : « tout est grâce », tout est don ; et, en vérité, il n'y a pas des pauvres et des riches, des déshérités et des possédants : aux yeux de Dieu il n'y a tous ensemble que des nécessiteux et des dépendants. Toute la différence se résume dans cette question : dans quelle mesure le savons-nous ?

La vraie filiation divine est l'amour des ennemis.

Ces mots constituent la conclusion qui couronne la contestation de Jésus à propos de la façon dont le religieux est réduit à des lois et à des instructions. Ils constituent en même temps toute la fierté de la conscience chrétienne. Nous y voyons, assure-t-on, le caractère incomparable de la morale chrétienne, l'origine divine du message chrétien. Y a-t-il en effet un autre moment dans l'histoire des religions où l'on ait entendu des doctrines comme celle-ci : « aimez vos ennemis, faites du bien à ceux qui vous haïssent, priez pour ceux qui vous persécutent... » ? Ne s'agit-il pas là d'exigences qui s'opposent directement à la nature humaine et qui, au moins pour cette raison, doivent venir de Dieu ?

Une chose est vraie : plus on a loué l'élévation et le caractère divin du Sermon sur la montagne à ce propos, plus les paroles de Jésus ont paru contredire les inclinations naturelles de l'être humain et plus celles-ci ont commencé à produire tous leurs effets de façon non naturelle — quand elles produisaient un effet ! Ayant considéré que ces paroles sont tellement supérieures au monde et si élevées, on a dit qu'elles ne peuvent être accomplies que si la grâce de Dieu hausse jusqu'à elles la nature de l'homme. Mais que peut-on faire, si la grâce de Dieu ne donne pas les moyens à l'homme d'être aussi bienveillant et généreux à l'égard des autres, comme Jésus l'exige ici ? On a aussi mis théologiquement en évidence le fait que ces paroles de Jésus ne pourraient être comprises que comme expression d'une pure « éthique du Royaume de Dieu » et ne pourraient être vécues avant la fin des temps que de façon restreinte au milieu d'un monde déchu. Il est cependant clair que cette logique renverse complètement la requête de Jésus. Il ne voulait justement pas — et c'est pourquoi il préconisait cette attitude — que nous attendions jusqu'au moment où il n'y aurait plus aucune inimitié entre les hommes. Il voulait tout au contraire que nous vivions ici et maintenant de la façon qui corresponde à la volonté et à l'être de Dieu. De même, il paraît encore plus aventureux de dire que ces paroles montrent la nature divine de Jésus en tant que Messie envoyé par Dieu et particulièrement la distance infinie et la différence qui nous séparent, nous autres hommes, du Fils de Dieu. C'est exactement l'inverse qui apparaît clairement dans ces paroles : Jésus ne voulait absolument pas être célébré par des titres pompeux et élevé au ciel comme « Fils de Dieu ». La seule chose à laquelle il accordait de la valeur était une manière de vivre qui ferait de nous des « fils de Dieu ». On appelait déjà « fils de Dieu » les fonctionnaires de la cour du pharaon dans l'Égypte ancienne : celui qui vit de manière à incarner dans son existence la volonté du roi est reconnu comme son « propre fils ». La volonté de Dieu, dit Jésus, c'est la fin de toute inimitié entre les hommes ; celui qui y contribue est en vérité un « fils de Dieu ». C'est pourquoi, finalement, l'explication embarrassée selon laquelle le Sermon sur la montagne vise la vie privée et non pas la vie publique est aussi absurde : l'individu est bien tenu (selon la « grâce baptismale ») d' « aimer » ses « ennemis », dit-on alors, mais ni l'Église ni l'État ne le pourraient.

Ceux-ci n'en auraient d'ailleurs pas besoin, et ce serait peut-être même une dangereuse utopie dans l'État et dans l'Église que de vouloir pratiquer l'amour chrétien des ennemis. Un chef d'État par exemple a précisément le devoir, dit-on encore, de protéger ses citoyens contre tout agresseur possible et l'Église aussi doit se protéger contre tous ceux qui chercheraient à lui nuire. Celui qui veut le mieux avec excès, assure-t-on, n'agit pas seulement de façon irresponsable, mais pèche « par excès » et met en danger lui-même ainsi que ceux qui se sont confiés à lui par une confiance téméraire en Dieu.

Il ne souffre aucun doute que de telles constructions théologiques sont tout simplement une insulte aux paroles de Jésus. Il voulait que nous fassions ce qu'il dit (Mt 7, 21) et non nous contenter de le considérer comme simplement possible. Qu'en est-il alors ? Le manque d'une médiation réelle entre théologie et psychologie a en fait transformé en une sorte de poison les doctrines les plus justes et les plus importantes de Jésus. C'est pourquoi les uns n'y touchent même pas ou bien les conservent en des fioles précieuses qu'ils n'ouvrent jamais. D'autres, en revanche, qui voudraient se les appliquer comme un médicament, deviennent malades jusqu'à en mourir. L'opposition entre « commandement » divin et « nature » humaine force les meilleurs parmi les croyants à d'incessants raidissements et à des dédoublements, comme si l'« amour des ennemis » n'était qu'une sorte de haine raffinée de soi-même. Combien de dépressions et de sentiments de culpabilité la théologie morale chrétienne n'a-t-elle pas déjà causés aux êtres humains qui avaient le malheur, enfants déjà, d'entrer en conflit avec le « commandement divin de l'amour ».

« Je ne peux pas aimer ma sœur, même avec la

meilleure bonne volonté », avoua en confession une religieuse pleine de désespoir. « Elle est tellement brutale à mon égard et elle me brime chaque fois qu'elle le peut ; je peux faire tout mon possible à l'infirmerie, ce n'est pas assez bon pour elle. Je veux être assignée ailleurs. Je ne veux plus la voir. Mais je me dis alors : pourquoi es-tu devenue religieuse si tu n'arrives même pas à aimer ta sœur en religion ? Tout est embrouillé en moi. » Beaucoup de ceux qui prennent le christianisme au sérieux sentent les choses comme cette religieuse ; ils cherchent honnêtement à faire des efforts, mais ils échouent chaque fois. Naturellement, ils ne sont pas beaucoup aidés par le commentaire théologique à bon compte qui leur explique qu' « aimer ses ennemis », ce n'est pas « aimer » mais « rencontrer avec bienveillance » ou « être gentil avec quelqu'un » ou « bien traiter quelqu'un ». L'hébreu, ajoute-t-on, ne dispose que d'un seul terme pour indiquer tout un domaine de nuances très différentes dans les rapports entre les hommes. Du point de vue philologique, cette explication n'est pas fausse, certes, mais qui aide-t-elle psychologiquement ? Que fait une femme qui a été maltraitée psychologiquement pendant des années par son mari ? Que fait quelqu'un qui, dans la vie publique, est harcelé par des journalistes de la presse à sensation par toutes sortes de mensonges et d'intrigues ? Que fait un homme qui est acculé contre un mur par un collègue sans aucune considération ? Doit-il l'aimer ? Le « rencontrer avec bienveillance » ? Ou le « traiter amicalement » ? Nous aboutissons à la même réponse : ça ne va pas. Mais si nous pensons devoir faire quelque chose, avoir une seule exigence dépassant les possibilités de l'intéressé, nous perdons précisément la liberté intérieure nécessaire pour surmonter le mal par le bien. En fait, nous devrions même établir, au sens de Jésus, une sorte de critère, pour déterminer si l'on saisit correctement ou non ses paroles. Si ses paroles rendent l'individu essentiellement découragé, triste, irrité et intérieurement déchiré, c'est qu'il ne les comprend certainement pas encore dans le sens voulu. Inversement : celui qui, au contact de ces paroles, se sent intérieurement plus uni, plus libre, plus satisfait et plus heureux, c'est alors seulement qu'il perçoit les paroles de Jésus dans leur vrai sens. La morale de dédoublement et les travers névrotiques importent vraiment peu à Jésus, comme nous le montre la conclusion de tout ce passage : « non pas : "soyez parfaits", mais bien : "soyez accomplis" » (Mt 5, 48). Jésus ne voulait certainement pas que les contradictions subsistant entre les hommes soient « résolues » parce que nous les transformons en contradictions avec nous-même. Il voulait au contraire que nous apprenions par l'« accomplissement » et la « saine intégrité » de Dieu à être nous-même « sain » et « accompli ». Et, naturellement, il espérait et croyait que quelque chose de cet « accomplissement » dans notre propre cœur se communiquerait à l'extérieur, de sorte que pourrait croître entre les êtres humains ce qui était déjà « réconcilié » et « accompli » intérieurement.

Pour comprendre ce que voulait Jésus, on doit commencer par la psychologie de l'individu et déblayer ce qu'il y a de « haine » et d' « inimitié ». « Je ne sais pas ce qui m'a pris, se reprochait une femme, ma collègue [de travail] a juste besoin de se montrer et mes cheveux se dressent sur ma tête. Il lui suffit d'ouvrir la bouche et déjà je suis furieuse. Je crois vraiment que je la hais. Pourtant, elle ne m'a rien fait. Elle est juste assise là et, apparemment, elle sait tout. » On comprend très vite ce qui se joue là. La collègue incarne pour ainsi dire tous les aspects que cette femme combat et refuse en elle-même. Par exemple, elle s'est toujours interdit de dire franchement ce qu'elle pense ; elle trouve éhontée l'assurance de sa collègue et se sent réduite à rien. Ses conceptions peuvent lui sembler menaçantes du seul fait qu'elles s'écartent de ses propres opinions. En d'autres termes, la « haine » pour sa collègue s'applique à tous les centres d'intérêt qui sont restés limités en elle et qu'elle n'a pu développer dans sa propre vie. Toutefois, il ne s'agit pas là d'une simple réaction de jalousie et d'envie — son humeur agressive est bien trop intense pour cela. À la suite d'une écoute plus précise, il est clair qu'étant enfant, elle a toujours été très durement critiquée par sa mère pour toute opinion qu'elle exprimait — la mère savait toujours mieux, elle ne souffrait absolument aucune contradiction et il était d'emblée impossible d'avoir une discussion avec elle. La « haine » inexpliquée de cette femme, aujourd'hui, pour sa collègue de travail, découle, du point de vue psychanalytique, d'un curieux déplacement de sentiments à l'encontre de la collègue beaucoup plus jeune, ces sentiments ayant eu autrefois la mère pour objet. Chaque fois que cette femme veut contredire quelqu'un, s'annonce inconsciemment en elle l'ancienne interdiction de parler proférée par sa mère, accompagnée de l'angoisse d'être totalement rejetée et condamnée, comme cela lui arrivait couramment autrefois. Mais en même temps resurgit au premier plan l'ancienne colère qu'elle ressentait contre sa mère — colère qu'elle n'avait non seulement jamais eu le droit d'exprimer à l'époque mais qu'elle doit ravaler aujourd'hui encore sans un mot. Ce mutisme forcé de toute une vie l'a en outre conduite objectivement à être complètement désarmée face à toute contestation en soi possible ou nécessaire. Cette attitude a pour résultat que les moindres différences d'opinion peuvent être vécues comme des conflits extrêmes. Dans la « haine » pour sa collègue de travail, un fort sentiment s'est ainsi noué quatre fois. Une première fois, ce fut la « haine » dont cette femme avait fait l'expérience, étant enfant, à cause de sa mère, lorsqu'elle voulait parler avant son tour. Or, cette « haine » pour la mère est depuis longtemps ancrée dans le sur-moi comme une instance de la haine de soi et elle conduit aujourd'hui cette femme à s'interdire encore de parler librement, ce qui l'amène régulièrement à des situations dans lesquelles elle se sent livrée à d'autres êtres humains — par exemple à son actuelle collègue de travail —, comme cela avait été le cas avec sa mère. Dans de tels moments, elle se hait pour ainsi dire doublement elle-même : elle a honte de son impuissance et de son infériorité, mais elle se condamne aussi pour les idées de vengeance excessives qui lui viennent régulièrement ; si elle leur laisse libre cours, elle a très vite tendance à rudoyer sa collègue pour ses manières de parler insolentes ou inconsidérées — comme autrefois la mère le faisait pour sa fille. Vu ces circonstances, nous pouvons considérer sans grand risque d'erreur que la haine à l'égard de la collègue de travail ne fait que répéter la haine à l'égard de la mère ressentie pendant l'enfance. Que signifie donc ici : « aimez vos ennemis », et : « faites du bien à ceux qui vous haïssent » (Lc 6, 27-28) ?

Il est clair que cette femme ne veut absolument pas « haïr » sa collègue de travail et c'est déjà un grand acquis pour elle de reconnaître sa « haine » comme étant une réaction affective qui lui est au fond étrangère, implantée de l'extérieur et contenant de plus quelque chose comme un jugement hautement moralisant qui peut s'énoncer ainsi : on ne doit pas être impertinent, et : mère a toujours raison. En outre, dans l'irritation à l'égard de sa collègue, c'est elle-même qu'elle rejette en fait. Ce n'est pas la collègue mais elle-même qui est visée par tous les reproches qu'elle adresse aujourd'hui à d'autres. Pour venir à bout de la haine envers sa collègue, aucune remontrance morale ne peut l'aider — il serait tout simplement absurde de lui jeter directement à la figure les phrases du Sermon sur la montagne. Il est clair que le refus de la collègue s'enracine dans un profond refus de soi. « Aimez vos ennemis » — cela s'applique d'abord à elle-même ! « Faites du bien à ceux qui vous haïssent » — cela la concerne d'abord elle-même ! Au lieu d'interdire à sa collègue de parler librement, il s'agit maintenant de s'accorder à elle-même cette permission. Ainsi, pendant plusieurs mois, nous devons affrontés à la nécessité d'utiliser des « invectives », de donner des « répliques », d'exprimer des « insolences » et tout simplement de « dire des bêtises ». Le plus efficace est alors de se représenter sa propre mère assise à table comme autrefois et à laquelle on peut dire maintenant en face toutes les choses qui étaient complètement impensables à l'époque. De cette façon, la haine se déplace de la collègue de travail sur le propre moi et de là, à nouveau, sur la mère. Les choses n'en restent cependant pas là. Il apparaît maintenant que la femme ne doit pas rester toujours muette et coite comme la mère l'y obligeait autrefois — il est possible de lui tenir tête ! Il est possible d'échanger des opinions ! Il n'est plus nécessaire de devoir réagir à l'excès par pure peur et à cause de sentiments d'infériorité — comme autrefois déjà avec la mère. Il est même clair tout d'un coup que la mère a dû se sentir autrefois exactement comme cette femme aujourd'hui — qu'y avait-il donc exactement à lui reprocher ? Au lieu de la haïr et de la combattre encore après coup, il apparaît beaucoup plus sage d'apprendre à acquérir tous les comportements auxquels la mère lui a refusé l'accès par sa propre indigence au temps de l'enfance. Intérieurement, la mère est apparue pendant des années comme une vraie « persécutrice ». Il est maintenant possible de « prier » littéralement pour elle et de lui souhaiter, à elle qui est morte depuis longtemps, de pouvoir être bénie par le ciel. Elle n'avait manifestement jamais voulu tout cela par méchanceté, mais avait été elle-même dépassée. Il est inutile, si longtemps après, de lui faire tous les reproches possibles ; mais il doit être permis dès maintenant de se comporter sans suivre son exemple et surtout d'oser exprimer à l'avenir sa propre pensée. « Aimez vos ennemis » — cela veut dire ici : accepte les désirs qui n'avaient pas le droit de vivre en toi depuis l'enfance ; surmonte ta peur et cherche enfin à te comporter comme il convient à ta propre personnalité ; cesse ainsi de repousser des désirs qui sont parfaitement justifiés et qui ne pouvaient pas être admis dans ton enfance pour des raisons particulières et : au lieu de haïr l'autre pour ces comportements que tu voudrais toi-même adopter, essaie une fois de faire franchement ce que tu veux.

C'est une formule qui s'applique dans presque tous les domaines : nous haïssons le plus ce que nous aimerions pour nous-mêmes mais que nous ne nous permettons pas par peur ou sentiment de culpabilité. Nous nous défendons spirituellement avec le plus de force contre ces vérités qui gisent déjà en nous. Nous rejetons avant tout les êtres humains qui incarnent certains aspects de nous-mêmes dont nous ne venons pas encore à bout. Notre « haine » renvoie généralement aux domaines de notre propre psyché qui sont en sommeil. Et tant que nous ne les aurons pas acceptés en nous, nous n'échapperons pas à la tendance d'exclure chez d'autres hommes, par un mécanisme de substitution, ce qui reste jusqu'ici comme « exclu » pour nous-mêmes. « L'amour des ennemis » constitue donc tout d'abord une forme plus patiente, plus tolérante, plus ouverte et plus unifiée de commerce avec soi-même. La réconciliation avec d'autres êtres humains, si elle doit être davantage qu'un acte d'énergie morale éphémère et ambigu, ne peut se produire qu'en présupposant une réconciliation avec soi-même.

Devenir « accompli », comme Dieu est accompli, présuppose donc nécessairement d'accepter aussi les autres êtres humains tels qu'ils sont. Aussi longtemps que le mécanisme permanent de l'autocensure et du refus de soi perdurera dans nos têtes, les clichés de la condamnation passeront à travers nous pour s'attaquer aux autres. Ces clichés peuvent avoir beaucoup à voir avec la justice des hommes ou la justification de l'emploi de la force. Ils peuvent avoir déjà trouvé leur incarnation dans notre propre père ou notre propre mère, ce qui n'enlève rien au fait qu'ils n'ont rien à voir avec Dieu. Dieu, c'est justement la force qui se tient à l'arrière-fond de tout et qui met en question les critères de cette censure permanente, dans la mesure où il fait lever son soleil indifféremment sur les « bons » et les « méchants », sur les « justes » et les « injustes ». Dieu — nous ne le dirons jamais assez souvent — n'est pas, pour Jésus, la légitimation d'une damnation et d'une exclusion réciproque. Dieu est pour Jésus la force d'une confiance qui permet aux hommes de devenir accomplis et de vivre aussi intégralement qu'il est possible.

Avec une certaine fierté, Jésus oppose à ce propos le Dieu des juifs aux représentations religieuses des « païens », des « nations ». La foi des êtres humains qui n'ont jamais connu le Dieu d'Israël pourrait peut-être permettre d'utiliser les contenus religieux pour justifier toutes sortes de diffamations et les accusations dogmatiques d'hérésie. Le Dieu des juifs, aux yeux de Jésus, n'a jamais été tel. Pourtant, dans la mesure où Jésus parle ainsi, il présuppose naturellement qu'il y a et peut y avoir encore une masse de « paganisme » au milieu du peuple qui se nomme « élu ». Cependant, le contraire vaut également : dans les prétendues religions païennes, de nombreux éléments permettent de comprendre ce que lui, Jésus, veut dire, et cela bien mieux que ne le permettent la tradition doctrinale des rabbins du judaïsme ou des Pères de l'Église. Jésus fait alors comme s'il se tenait entièrement du côté des gens « biens » : pour quelqu'un qui a appris à connaître le Dieu d'Israël, il est absurde de prendre pour exemple le comportement des publicains, des pécheurs public — à la limite du « paganisme » — qui se conduisent envers Dieu et les autres hommes avec modération et selon le droit. Naturellement Jésus sait et veut sous-entendre qu'il y a aussi beaucoup de « publicains » dans les cercles de gens pieux, et qu'inversement on trouve chez les prétendus « publicains » beaucoup de personnes dont le comportement est réellement conforme à ce que demande Dieu.

Combien de haine, à motivation théologique, ne rencontrons-nous pas déjà en lisant des écrivains chrétiens des premiers siècles ? Combien d'hostilité à l'encontre du judaïsme traverse déjà des parties entières du Nouveau Testament. Combien de refus polémique face aux païens ne s'exprime-t-il pas déjà dans le message biblique du Dieu de la révélation ? Et pourtant il ne semble y avoir dans l'histoire religieuse de l'humanité aucun texte comparable à cette méditation de Tchouang-tseu dans sa proximité avec l'image que Jésus donne d'un Dieu faisant lever son soleil sur les bons et les méchants et laissant tomber la pluie sur les justes et les injustes (Mt 5, 45). Tchouang-tseu* écrit :

* TCHOUANG-TSEU, *Œuvre complète,* trad. Liou Kia-hway, Gallimard-Unesco, coll. « Connaissance de l'Orient », 1969.

Dans la perspective du tao [de la voie, du sens], qu'y a-t-il de bas? Ce ne sont là qu'oppositions relatives. Ne vous cramponnez pas à vos idées; cela irait contre le tao. Le tao ne comporte ni peu ni beaucoup; ce ne sont là qu'appréciations passagères. Ne vous attachez pas à une seule chose dans votre conduite, ce serait s'écarter du tao.

Soyez magnanime comme le prince d'un pays pour lequel il n'y a pas de vertu égoïste. Soyez large comme le dieu du sol qui, lorsqu'on lui sacrifie, ne distribue aucune faveur particulière; soyez comme l'espace infini, que rien ne divise ni ne délimite et qui embrasse tous les êtres sans qu'aucun d'eux ne reçoive une protection spéciale. C'est ce qui s'appelle l'impartialité. Toutes les choses sont une et égales; laquelle est courte, laquelle est longue? Le tao n'a ni fin ni commencement. Ce sont tous les êtres qui meurent et qui naissent. Ne faites fond sur rien de tout fait, car dans les transformations du monde, la vacuité et la plénitude alternent. Ne vous croyez pas maître de votre corps, car l'âge ne peut être repoussé et le temps ne peut être retenu. Croître et décroître, s'emplir et se vider, finir et recommencer, voilà le cycle du monde. C'est ainsi qu'il faut entendre le grand devoir qui incombe à chacun, et l'ordre universel qui préside à tous les êtres. La vie des êtres est pareille au galop du cheval. En chacun de ses mouvements, il se modifie, en chacun de ses instants il se déplace. Vous me demandez ce que vous devez faire, ce que vous ne devez pas faire? Eh bien, laissez-vous aller à vos transformations naturelles [p. 138-139]. [...]

Un grand homme dans sa conduite ne fait pas de tort aux hommes; mais il ne s'enorgueillit pas de son amour, ni de ses bienfaits. Il n'agit pas par intérêt; mais il ne méprise ni le portier ni le laquais. Il ne dispute pas pour les richesses; mais il ne se vante pas de ses concessions ni de ses renoncements. Il ne demande l'aide personne, sans se vanter de ne rien devoir qu'à son propre effort. Mais il ne méprise pas les convoiteurs ni les profiteurs. Sa conduite s'écarte de celle du commun des hommes; mais il ne s'enorgueillit pas de son excentricité ou de son étrangeté. Si son action se conforme à celle de la majorité des hommes, il n'en méprise pas pour autant les beaux parleurs ni les flatteurs. Les dignités et les richesses ne suffisent pas à l'encourager; la punition et la dégradation ne suffisent pas non plus à le déshonorer. Il sait qu'entre le bien et le mal il n'y a pas de distinction absolue, de même que le petit et le grand ne peuvent être définis. J'ai entendu dire : « L'homme qui atteint le tao est ignoré du monde; l'homme qui possède la vertu parfaite ne réussit pas; le grand homme est sans moi. »

Cela doit vouloir dire : être « accompli » comme « notre Père céleste est accompli ». Cela signifie que nous pouvons devenir fils de Dieu en réalisant la réconciliation les uns avec les autres, parce que nous sommes des « fils » de Dieu, « réconciliés ». Les deux forment une unité.

Face à ces explications on pourrait objecter, avec des arguments apparemment justes, que nous n'avons parlé jusqu'ici que de cette hostilité et de cette inimitié que l'individu lui-même porte en son cœur. Mais qu'en est-il de l'hostilité que l'on rencontre dans l'autre et sur laquelle on bute en dépit peut-être de ses efforts ? Ce sont les mêmes lois qui valent ici, mais inversées comme dans un miroir. La « haine » de l'autre surgit des mêmes travers et des mêmes blocages que ceux que l'on trouve dans son propre moi. Celui qui sait combien les sentiments de rejet les plus violents à l'égard d'un être humain peuvent être assemblés de façon complexe — surchargés dans leur origine, inadéquats à la situation — pourra formellement s'attendre à ce que cette résistance, à son point le plus fort, le frappe sans qu'il l'ait mérité. Il ne commettra pas alors la faute à laquelle il succombe d'habitude tout naturellement : il ne se défendra pas contre l'injustice subie, mais il supposera que l'autre l'attaque pour des raisons n'ayant apparemment rien à voir avec lui ni avec la situation où il se trouve. Ainsi, au lieu de s'engager dans une lutte, une confrontation et une discussion pour avoir raison, il s'intéressera encore plus à l'autre et s'engagera en sa faveur. Il verra en lui quelqu'un qui souffre profondément puisqu'il cause une telle souffrance autour de lui. Il percevra, dans celui qui hait, quelqu'un qui a été poussé dans des pans entiers de sa personnalité à toutes sortes de formes de refus de soi ; et, en tout cas, au lieu de riposter, il cherchera les raisons cachées de la haine dans l'âme de l'autre. C'est justement ainsi qu'il deviendra intendant de Dieu, le « propre fils du roi » qui voudrait qu'aucune de ses créatures ne se perde.

Alors, naturellement, reste la menace d'un destin tel que Jésus lui-même l'a vécu : il se peut que celui qui cherche à répondre à la haine par la bonté libre, libère précisément à ce moment toutes les peurs, les désespérances et les agressions tapies en arrière-fond, prêtes à se décharger d'abord sur lui avant d'être clarifiées. Ici, il n'y a de réconciliation possible qu'au prix de l'extrême. Le chemin de Jésus n'est pas simple. Pourtant, il est plus passionnant, imaginatif, honnête, généreux et humain — donc « divin » aussi — que toute alternative. Tous les autres chemins n'ont pu jusqu'ici qu'agrandir le champ de la discorde. Pourtant, dans une telle combinaison de connaissance de soi et de bonté, de sagesse et de largeur d'esprit, qu'est-ce qui devrait être utopique ? Six cents ans déjà avant le Christ le vieux sage chinois Lao-tseu disait ceci :

Le cours céleste ne rivalise pas
et pourtant il est souverain,
ne donne pas d'ordre
et pourtant il est servi,
n'est pas invité
et pourtant il s'avance,

se répand avec calme
et pourtant il est achevé.
Le filet du ciel est vaste,
ses mailles sont larges,
mais nul n'y échappe*. [...]
Qui veut abaisser quelqu'un
doit d'abord le grandir.
Qui veut affaiblir
doit d'abord le renforcer.
Qui veut éliminer quelqu'un
doit d'abord l'exalter.
Qui veut supplanter quelqu'un
doit d'abord lui faire des concessions.
Telle est la vision subtile du monde.
Le souple vainc le dur.
Le faible vainc le fort.
Le poisson ne doit pas sortir des eaux profondes.

Ainsi en est-il**.

* LAO-TSEU, *Tao-tö king*, trad. Bernard Botturi, Paris, Éd. du Cerf, coll. « Patrimoines-taoïsme », 1984, p. 112.

** LAO-TSEU, *Tao-tö king*, trad. Liou Kia-hway, Paris, Gallimard, coll. « Connaissance de l'Orient », 1967, p. 72.

Notes

1. Voir U. LUZ, *Das Evangelium nach Matthäus. Evangelisch-katholisches Kommentar zum Neuen Testament.* Neukirchen-Vluyn, 1989, I, 1, p. 186. Pour les explications méditatives du *Notre Père,* voir CYPRIEN *(La Prière du Seigneur)* qui commence son explication par ces mots : « prions donc, très chers frères, comme Dieu notre maître l'a enseigné » ; GRÉGOIRE DE NYSSE, *La Prière du Seigneur ;* ORIGÈNE, *De la prière. Exhortation au martyre,* trad. G. Bardy, Paris, 1931 ; TERTULLIEN, *Sur la prière,* qui voit dans le *Notre Père* le résumé de tout l'Évangile (pour des extraits de ces textes patristiques, voir A. HAMMAN, *Le Pater expliqué par les Pères,* Paris, Éditions franciscaines, 1962, p. 27-42). ÉVAGRE, « Sur la prière », dans : *De la prière à la perfection,* trad. M.-O. Goudet, Paris, Migne-Brepols, 1992, p. 67-106. Voir aussi M. CLAUDIUS, « Vom Vaterunser », dans : *Sämtliche Werke,* p. 602-606 ; R. SCHNEIDER, « Das Vaterunser », dans : *Das Kreuz in der Zeit,* p. 7-57, qui commence à juste titre par cette constatation : « Le *Notre Père* prononcé d'un cœur croyant est beaucoup plus qu'un commentaire ou qu'une quelconque pensée qui s'y rattache » (p. 7). Pour une enquête scientifique, voir avant tout G. DALMAN, *Die Worte Jesu mit Berücksichtigung des nachkanonischen jüdischen Schrifttums und der aramäischen Sprache,* (Leipzig, 1930), Darmstadt 1965, p. 283-365 ; J. JEREMIAS, « Le *Notre Père* dans l'exégèse actuelle », dans : *Paroles de Jésus,* Paris, Éd. du Cerf, 1991, coll. « Foi vivante » n° 262, p. 57-95. Sur le rapport du *Notre Père* à la pratique juive de la prière : F. MUSSNER, « Le *Notre*

Père, prière du juif Jésus », dans : *Traité sur les juifs,* trad. R. Givord, Paris, Éd. du Cerf, 1981, coll. « Cogitatio Fidei » n° 109, p. 211-222.

2. U. LUZ (I, 1, p. 341) indique que l'addition « toi qui es aux cieux », que Matthieu ajoute à l'invocation « Père », est reliée au langage habituel de la Synagogue de même que l'addition « notre » : « Matthieu se distancie de la Synagogue, non pas de son Dieu. » Sur l'invocation elle-même, Grégoire de Nysse écrit (*La Prière du Seigneur,* 2e discours) : « Il est clair qu'un homme sensé ne se permettrait pas d'employer ce nom de père, s'il ne se reconnaissait une ressemblance avec lui » (A. HAMMAN, p. 88). Il s'ensuit pour lui que l'invocation veut nous recommander une « vie digne et parfaite » (*ibid.,* p. 89). La confiance en Dieu, cette confiance qui rend l'homme capable de faire le bien, ne peut pas dégénérer davantage en morale. R. SCHNEIDER va au cœur de la question en disant (p. 9) : « Le *Notre Père* commence avec une grande consolation : il nous est permis de dire Père. » Et (p. 15) : « Le monde nous est devenu étranger. Mais nous sommes tes enfants dans ce monde étranger et nous voulons rester tels. Tout le reste est auprès de Toi. » Sur l'invocation « Père » dans le judaïsme, voir H.L. STRACK-P. BILLERBECK, *Kommentar zum Neuen Testament aus Talmud und Midrash,* Munich, I, 1922, p. 392-396; 410. Par comparaison avec Lc 11, 2-4 (et *Didaché,* 8, 2) on peut présenter comme plausible la « version primitive » suivante du *Notre Père :* invocation : (cher) Père, deux (et trois chez Mt) demandes en « tu » en parallèle : que ton nom soit sanctifié, que ton règne vienne; deux demandes en « nous » parallèles : donne-nous aujourd'hui notre pain quotidien. Et pardonne-nous nos dettes comme nous pardonnons à nos débiteurs; demande finale : et ne nous laisse pas succomber à la tentation. Voir J. JEREMIAS. Sur l'invocation « Père », voir A. SAND, *Das Evangelium nach Matthäus,* Ratisbonne, 1986, p. 129-133, qui renvoie avec raison à Os 11, 4-8.9 (p. 133).

3. Voir R. SCHNEIDER, p. 16 : « c'est comme si le ciel allait s'ouvrir encore une fois sur ces paroles; toutes les profondeurs et les hauteurs de l'espace s'ouvrent et un tremblement les pénètre. L'homme répète profondément la demande du Sauveur et la création semble lui répondre. » Sur la « sanctification du Nom », voici H.L. STRACK-P. BILLERBECK, I, p. 411-418; il faut rappeler ici Ez 36, 23 : « Je [Dieu] sanctifierai mon grand Nom. » « Dans les premières paroles du Qaddisch de la liturgie [...] Dieu est aussi le

sujet de l'acte de sanctifier » (p. 411 ; 408 s.). D'après son contenu « la sanctification du Nom divin consiste dans l'obéissance d'Israël à la volonté de Dieu » (p. 412). Mais Dieu lui-même doit opérer cette « obéissance » ! Dans l'explication du *Notre Père* qu'il donne dans son *Grand catéchisme,* Luther formule ainsi l'enchaînement : « En effet, de même que, pour un père selon la chair, c'est une honte que d'avoir un enfant méchant et dépravé qui agit contre lui en paroles et en actes, si bien qu'à cause de cet enfant il est méprisé et outragé, de même aussi cela constitue un déshonneur pour Dieu quand nous, qui portons son nom et recevons de lui toutes sortes de biens, nous enseignons, parlons et vivons autrement que des enfants pieux et célestes, de telle sorte qu'il est contraint d'entendre dire de nous que nous ne pouvons être des enfants de Dieu, mais que nous sommes des enfants du Diable » (dans : A. BIRMELÉ et M. LIENHARD (éd.), *La Foi des Église luthériennes,* Paris-Genève, Éd. du Cerf-Labor et Fides, p. 379-391, p. 382 s. Mais Luther savait comme aucun autre que c'est l'amour du « Père » lui-même qui crée des « bons enfants » ! Il faut penser aussi à la signifcation « eschatologique » : « Il serait alors demandé à Dieu que les hommes sanctifient son Nom par un juste usage du Nom de Dieu et par l'obéissance à sa volonté » (U. LUZ, I, 1, p. 342-343). Pourtant, même ainsi, il en irait essentiellement de l'amour de Dieu qui s'affirme enfin et définitivement dans la conduite des hommes l'un envers l'autre ! Sur la parenté du *Notre Père* avec la prière juive des dix-huit, voir H.L. STRACK-P. BILLERBECK, IV, 1, p. 208-249 : Le Shmone Esre ; J. HERRMANN, « Der alttestamentliche Urgrund des Vaterunser », dans : *Festschrift für Otto Procksch,* Leipzig, 1934, p. 71-98.

4. Luther a bien vu le paradoxe que manifeste la prière d'un homme pour la seigneurie et la réalité effective de Dieu, pour la venue du Royaume : « il [Dieu] ne désire rien de plus haut si ce n'est qu'on lui demande beaucoup et de grandes choses ; et, inversement, il s'irrite lorsqu'on ne demande pas et ne réclame pas avec confiance. En effet, de même que si l'empereur le plus riche, le plus puissant, enjoignait à un pauvre mendiant de lui demander tout ce dont il peut avoir envie étant prêt à lui faire un grand, un impérial présent, et que cet insensé ne solliciterait qu'une soupe servie dans la cour [...] » (*Grand catéchisme,* p. 384). Pourtant notre « soupe de mendiant » (servie dans le cour) consiste justement à remarquer que Dieu est là... ! M. CLAUDIUS (p. 604-605) renvoie au Royaume de Dieu qui existe d'une autre manière dans

la nature : « cela est bien sûr le Royaume de Dieu et il vient de lui-même sans notre prière. Pourtant dans ce Royaume [...] maître et serviteur sont étrangers l'un à l'autre et séparés : ici ne règnent que puissance, contrainte et sévérité, seulement obéissance aveugle, morte et sans conscience; et cela ne satisfait pas son cœur de Père. [...] Mais il y a un autre Royaume de Dieu dans les êtres de sa nature; et dans ce Royaume ne règne et régit que l'amour et la joie et la paix. Le Père se communique lui-même aux enfants et les regarde avec grâce et plaisir; et les enfants s'accrochent au Père et ne connaissent aucune fin à leur bonheur. Ce Royaume peut aussi venir vers les hommes sur terre [...] Mais ce Royaume ne vient pas sans notre prière, et c'est pourquoi Christ nous appelle à prier pour qu'il vienne. » GRÉGOIRE DE NYSSE (*La Prière du Seigneur,* 3e discours) pense dans la sanctification du Nom et la venue de son Royaume au « refrènement des passions » pour que nous « arrivions au port du repos [...] comme des navigateurs en péril ». Si nous faisons abstraction de l'ascétique néo-platonicienne qui inspire cette interprétation, on voit ici le pressentiment que la prière pour la venue du Royaume de Dieu a quelque chose à faire avec la satisfaction de l'être humain. Sur le concept de Royaume de Dieu : M.Th. WACKER, « Règne-Royaume de Dieu », dans : P. EICHER et B. LAURET (éd.), *Dictionnaire de théologie,* Paris, Éd. du Cerf, 1988, p. 629-633.

5. G. DALMAN (p. 317) dit de la formule « sur la terre comme au ciel » : « Au ciel ce sont les anges qui servent la volonté de Dieu dans une obéissance parfaite (Ps 103, 21); les hommes doivent devenir aussi obéissants. » Mais Dieu lui-même doit faire en sorte que les hommes puissent agir comme il le veut! R. SCHNEIDER (p. 29-30) en tire la conséquence : « Quel être pourrait oser si peu que ce soit se mesurer à cet ordre voulu par Dieu? Et même si ce qui est incroyablement difficile réussissait et que notre volonté s'accordât à la volonté du Père, les inclinations et les désirs, les rêves, sur lesquels nous n'avons aucun pouvoir, ne continueraient-ils pas à le contredire? Le destin vient en plus et jette une vie hors de son cercle d'une faute à l'autre; le temps embrouille et livre à la tentation; le Malin se rend maître de ceux qui sont embrouillés; la souffrance trouble l'œil de sorte que nous ne voyons plus l'ordre voulu par Dieu. Et dans le "soit faite" de la demande "que ta volonté soit faite" tous les événements, l'ensemble de l'histoire du premier au dernier jour, ne sont-ils pas inclus? Ainsi l'histoire doit-elle se rendre comme la vie dans le ciel dans

l'environnement du Père [...] Tout là-haut il n'y a plus d'histoire; c'est sur la venue et la disparition des nuages et l'action des puissants que brille l'être des transfigurés, pareils à une constellation, qui appelle les événements sur terre. » Cela aussi est néoplatonicien dans le pressentiment de l'inaccomplissement (principiel) du monde fini, matériel. — E. SCHWEIZER (*Das Evangelium nach Matthäus,* Göttingen, 1986) interprète de façon « moderne » les « anges » dans le ciel : « ce qui est évident dans l'ensemble de l'univers c'est que toutes choses, dominées par la force qui ordonnance l'ensemble, poursuit son cours défini ; cela doit être perçu aussi par ceux qui perturbent la paix de cet ordre, à savoir les êtres humains. Si être humain veut dire être responsable selon la mission confiée par Dieu et conformément à sa volonté (Gn 1, 26-28), alors on prie ici pour que l'homme devienne vraiment homme. » La méditation ci-dessus est conçue pour correspondre à cette foi en une loi intérieure à l'être humain ; pourtant comme nous sommes loin ici de la compréhension actuelle de la nature ! Et où, face à la cruauté et à l'aveuglement des lois de la nature, est-il justifié de parler ainsi de Dieu comme créateur et Père ? Tous les problèmes, que l'Église voulait refouler en les condamnant, reviennent à un moment ou à un autre d'une manière inquiétante, ainsi dans ce contexte, les questions posées par Marcion. Voir A. VON HARNACK, *Marcion. Das Evangelium vom fremden Goot,* Leipzig, 1924, p. 30-55 (traduction française à paraître aux Éd. du Cerf) : le point de départ : loi et Évangile ; la rédemption du monde, de la loi et du Créateur.

6. Voir E. SCHWEIZER (p. 99-100) : « le pain, dont nous avons besoin jour après jour, est pris très au sérieux comme dans toute la vie de Jésus. De même qu'il guérit des malades et apaise des tempêtes (chap. 8), il nourrit aussi avec du vrai pain et des vrais poissons ceux qui ont faim (14, 13-21 ; 15, 32-39). Mais il ne s'agit pas seulement de « pain ». Avec le « pain » est compris tout ce dont l'homme a besoin réellement. Le sens de l'adjectif « quotidien » dans la demande du pain, absolument inhabituel, n'est pas clair ; il peut vouloir dire quelque chose comme « nécessaire », « de ce jour » ou « pour le jour qui vient ». Peut-être l'idée de la Cène a joué un rôle dans la traduction en grec ou bien on voulait renvoyer au repas festif de la fin des temps (Mt 26, 29 ; Lc 22, 16-18, 30). Pourtant au-delà de la solennisation cultuelle et eschatologique du mot il s'agirait ici encore et précisément de l'espérance d'un repas pour tous les hommes ; car celui qui exprime

une demande pour notre pain, celui-là prie en premier pour ce qui est commun à tous les hommes, ce qui signifierait en soi la disparition de la faim ; voir E. DREWERMANN, *Die Spirale der Angst. Der Krieg und das Christentum, mit vier Reden gegen den Golfkrieg*, Fribourg-en-Brisgau, 1991, p. 334-337. Il n'y a pas de parallèles juifs à cette demande, à la rigueur Pr 30, 8 : « ne me donnes ni indigence, ni richesse ; dispense moi seulement ma part de nourriture » (H.L. STRACK-P. BILLERBECK, I, p. 420. Ainsi compris, il s'agit d'une demande de pauvres gens qui ne connaît et ne reconnaît que Dieu pour assurer l'existence. « On peut penser à la situation d'un journalier qui ne sait pas encore s'il trouvera le jour suivant de nouveau un travail dont il puisse vivre avec sa famille » (U. LUZ, I, 1, p. 347).

7. Sur ce passage, voir G. VON RAD, *La Genèse*, Genève, Labor et Fides, 1986, p. 57-58 : « Comme l'homme reçoit la disposition d'user de tout ce qui est végétal, l'animal ne reçoit que l'herbe des champs. C'est la seule indication de la paix paradisiaque dans la création, telle qu'elle est sortie des mains de Dieu et telle qu'elle est voulue par lui. [...] Ce n'est donc pas par un ordre de Dieu qu'est entré dans le monde le massacre et l'abattage des animaux. Là aussi le texte ne parle pas seulement de préhistoire, mais d'affirmations de la foi sans lesquelles le témoignage de la foi à la création ne serait pas complet. À l'intérieur du monde animal, pas de sang versé et de la part de l'homme pas d'agression meurtrière. Cette parole signifie donc une nette limitation du droit souverain de l'homme. » Sur le végétarisme motivé par des raisons religieuses et écologiques : E. DREWERMANN, *Der tödliche Fortschritt, Von der Zerstörung der Erde und des Menschen im Erbe des Christentums*, Ratisbonne, 1990, p. 57 ; 91 ; 96 ; 204-5 ; 289 s. À côté de cela on devra vivre avec des annonces comme celle-ci tirée des *Neuen Westfälichen* du 31 octobre 1991 à Paderborn : messe de la Saint-Hubert pour les chasseurs : « Cette année aussi a lieu la messe de la Saint-Hubert du cercle de protection [de la nature] de Paderborn ; elle est devenue maintenant une tradition. Cette fois la messe, à laquelle tous les chasseurs ainsi que les amis de la chasse et de la nature sont invités, sera célébrée pour la dixième fois dans l'église paroissiale Maria-zur-Höhe. Pour donner la possibilité à tous les amis, bienfaiteurs et à l'ensemble de la population d'y participer, la messe commence à... le célébrant est Mgr de... Lui-même est chasseur et vient d'une famille de chasseurs ayant une riche tradition. » Noblesse + chasse = Église ?

8. Pour le parallèle entre la demande de pardon et la prière juive des dix-huit bénédictions (6e demande), voir H.L. STRACK-P. BILLERBECK, I, p. 421-422; G. DALMAN (p. 335-338) renvoie particulièrement, dans « les paraboles des débiteurs », à la parenté entre la dette d'argent et la dette pour péché... Chez Luc le « péché [vient] à la place de la dette » (p. 337). Sur la prière des dix-huit bénédictions, voir p. 340-344 : « la prière des dix-huit bénédictions ne contient aucune réminiscence d'une disponibilité de l'homme à pardonner et qui est supposée lors du pardon de Dieu. Mais des exhortations juives ne manquent pas dans ce sens. » Voir Sir 28, 1 s.; 18, 13.

9. Du point de vue philologique l'aoriste grec (« comme nous aussi nous avons pardonné à nos débiteurs ») est difficile à comprendre; il contient apparemment la condition nécessaire au pardon de l'homme par Dieu. Pourtant Jésus n'a jamais pensé ainsi : la parabole du serviteur impitoyable (Mt 18, 23-35) montre clairement combien la capacité de pardon de la part de l'homme est liée au pardon de Dieu. Du point de vue psychologique surtout un être humain peut se pardonner lui-même seulement dans le champ d'une acceptation antécédente et on ne peut pardonner à un autre homme que les fautes que l'on a pu surmonter soi-même intérieurement. On peut aussi recommander cette conception du point de vue du langage. J. JEREMIAS (p. 73) : « En réalité, la forme araméenne sous-jacente au passé de Matthieu est un parfait-présent, et désigne une action qui se produit dans le moment même. La vraie traduction de la formule de Matthieu doit être : "comme, en disant ces mots, nous remettons à ceux qui nous doivent". Mais la rédaction de Luc a entendu couper court, par le choix du temps présent, à tout malentendu parmi les chrétiens de langue grecque. C'est pourquoi elle dit, de façon exacte quant au sens : "nous aussi, nous remettons à quiconque nous doit". Ajoutons que le renforcement chez Luc de "ceux qui nous doivent" en "quiconque nous doit" est une interprétation stricte : il entend souligner que nous n'avons le droit d'excepter personne de notre pardon. »

10. A. VÖGTLE, « Der eschatologische Bezug der Wir-Bitten des Vaterunser », dans : *Jesus und Paulus,* Göttingen, 1975, p. 344-362, déplace l'urgence des demandes de Jésus à la fin des temps. U. LUZ, I, 1, p. 348-349 écarte avec raison une telle interprétation « eschatologique » de la « tentation »; toutefois il s'agit (comme en Mt 4, 1-11) des mises en question ultimes de l'exis-

tence humaine. Ce passage ne pose pas la question théologique de savoir si Dieu lui-même peut induire en tentation. « On peut davantage comprendre que la prière présuppose simplement la puissance absolue de Dieu » (p. 349). L'attitude de Jésus n'est pas différente en cet endroit de ce que dit Mohammed de la toute puissance d'Allah dans les mains duquel l'homme est livré pour le meilleur et pour le pire. Ce qui est significatif c'est la suite qui ne nous est transmise que par Matthieu, « mais délivre-nous du mal », où « la réalité de la puissance du mal » est ainsi dépeinte que seul Dieu peut en garder l'homme. Ce qui est signifié par le « mal » dépend de la façon dont on comprend ici la « tentation ». Du point de vue du langage juif usuel on peut penser à tout « mal » possible — au « penchant mauvais », à des hommes « mauvais », à de « mauvais » coups du sort; voir H.L. STRACK-P. BILLERBECK, I, p. 422-423; IV, 1, p. 466-483 : le bon et le mauvais penchant; G. DALMAN, p. 352-360. Mais, en correspondance avec la scène de la tentation chez Mt 4, 1-11 il faut plutôt penser au Malin, donc à Satan (Mt 13, 19). Ce qui plaide en ce sens, c'est avant tout la concentration interne du *Notre Père,* qui — comme dans la demande de la venue du Royaume et celle du pain pour aujourd'hui ! — présuppose toujours une situation exigeant une décision extrême. Par comparaison, la prière palestinienne du matin, que G. Dalman cite à ce propos, paraît rejoindre des situations tout à fait ordinaires : « forme mon penchant à me soumettre à toi et éloigne-moi des hommes et des compagnons méchants »; de même la prière du matin; « et sauve moi [...] de la malchance et des maladies mauvaises et que les mauvais rêves et les mauvaises imaginations ne puissent pas m'effrayer. » M. LUTHER, (p. 390) a raison quand il écrit de la dernière demande du *Notre Père :* « [qu'elle] se présente exactement comme s'il parlait du diable, comme s'il voulait résumer toutes ces choses de telle sorte que la somme entière de toute cette prière fût dirigée contre cet ennemi qui est notre principal ennemi. » « C'est pourquoi, sur la terre, nous n'avons pas autre chose à faire qu'implorer Dieu sans cesse contre ce principal ennemi. Car si Dieu ne nous sauvegardait pas, nous ne serions pas, une heure durant, à l'abri de ses coups. » Naturellement, il s'agit de traduire encore le discours sur le « diable » et de le débarrasser de ses projections psychologiques. R. SCHNEIDER (51-54) explique avec raison la « tentation » par « Satan » comme le concept englobant des tentations de Jésus en Mt 4, 1-11.

11. Voir à ce sujet E. DREWERMANN, *Ich steige hinab in die Barke der Sonne, Altägyptische Meditationen zu Tod und Auferstehung in bezug auf Jn 20-21,* Olten-Freiburg, 1989 (trad. française à paraître aux Éd. du Seuil), p. 184-204. — Selon U. LUZ (I, 1, p. 353) : « Le logion a la forme d'un maschal double avec un beau parallélisme. En Mc 11, 25 il y a une variante indépendante abandonnée plus tard par Mt. Dans son contenu cela correspond à la demande de pardon dans le *Notre Père* et peut, comme celle-ci, remonter à Jésus. » Mais, contre cette possibilité il y a le fait qu'est exprimé ici un des thèmes favoris de Matthieu : « le pardon humain est condition du pardon divin ». De fait, il s'agit de « principes casuistiques », qui formulent un simple *jus talionis* du jugement divin. — J. GNILKA, *Das Matthäusevangelium,* Bâle-Fribourg-Vienne, Herder, 1988, I, p. 233. « Le devoir de pardonner » est radicalisé par cet avertissement : « Ce devoir s'étend — à la suite de la prière du Seigneur — d'abord à la communauté des disciples. Il ne doit pas y avoir en elle de frères ennemis. Ensuite elle s'adresse aussi aux autres hommes [...]. À la différence du sens original de la cinquième demande Matthieu pense au pardon qu'il faut toujours accorder et dont vit une communauté. » Matthieu en particulier y renvoie toujours (Mt 5, 23 s. ; 18, 35).

12. *Le Coran*, sourate III, 26-27 (trad. D. Masson, Paris, Gallimard, 1967, coll. « Folio », I, p. 63).

13. *Ibid.,* sourate XL, 7-9 (II, p. 577-578).

14. *Ibid.,* sourate XLII, 40 (II, p. 602).

Table des matières

Achevé d'imprimer en septembre 1993
dans les ateliers de Normandie Roto Impression s.a.
61250 Lonrai

N° d'imprimeur : I3-1572
N° d'éditeur : 9751
Dépôt légal : septembre 1993